2023年版

人事・労務の手帖

―人材マネジメントのシフトチェンジ―

産労総合研究所 編

はじめに

　新型コロナウイルス（COVID－19）感染症拡大は，2019年末から3年を過ぎ，2023年5月8日より，季節性インフルエンザと同様の5類感染症に位置づけた政策に変更されることになっています。この間，数回に及ぶ緊急事態宣言，テレワーク増加，東京オリンピックの開催，ウクライナ戦争勃発等，国内外でいろいろなことが起きました。グローバル社会を実感した数年でもありました。人事・総務関係のみなさまは，事業の継続，従業員の安全確保のために，さまざまな方法で多くの業務を進めてこられたことでしょう。

　さて，本書は，2022年度の経済，行政動向を振り返り，2023年度に人事・労務の検討課題となりそうなテーマについて，各専門家が実務的な情報をコンパクトにお届けするものです。
　一昨年（2021年版）は，「withコロナ時代，組織・働き方をどうデザインするか」というサブタイトルで，新しい組織・働き方の構想に関係する情報を整理しました。昨年（2022年版）は「コロナネクストに向けた実践ガイド」というサブタイトルで，その新しい構想をどのように実践すればよいかという実務的な情報を増やしました。
　本年（2023年版）は，「人材マネジメントのシフトチェンジ」という視点で，課題を整理しました。政治経済は，従来とは異なる展開を見せています。ICTもさらに進化しています。このようななかで，事業を発展させていくためには，必要人材の確保・活用が重要です。しかし，働く人の意識は変わり，従来の人材マネジメントのあり方の限界が見えてきています。人材マネジメントを主体的に変えていく役割が，人事・総務担当者にはあるのではないでしょうか。

　これまで同様， DL マークのついた資料等は，ダウンロードサービスを行っております（詳細は巻末ページ）。
　本書を1年間お手元に置いて，ご活用いただければ幸いです。

2023年3月
㈱産労総合研究所
人事情報局

人事・労務の手帖

2023年版

第Ⅱ章
労働法制と労働判例の動向

第III章
変わる職場，変わるマネジメント

吉村労働再生法律事務所　弁護士　吉村　雄二郎

第Ⅳ章
歴史に学ぶ人事管理

凡例

本書では，本文中に特に注記のない場合は，以下のとおり，略語を使用している。

1．法令
労基法	労働基準法
職安法	職業安定法
労契法	労働契約法
安衛法	労働安全衛生法
労災保険法	労働者災害補償保険法
労組法	労働組合法
パート・有期法	短時間労働者及び有期雇用労働者の雇用管理の改善等に関する法律
パート労働法	短時間労働者の雇用管理の改善等に関する法律
男女雇用機会均等法	雇用の分野における男女の均等な機会及び待遇の確保等に関する法律
高年齢者雇用安定法（高年法）	高年齢者等の雇用の安定等に関する法律
育児・介護休業法	育児休業，介護休業等育児又は家族介護を行う労働者の福祉に関する法律
障害者雇用促進法	障害者の雇用の促進等に関する法律
働き方改革関連法	働き方改革を推進するための関係法律の整備に関する法律
女性活躍推進法	女性の職業生活における活躍の推進に関する法律
労働施策総合推進法	労働施策の総合的な推進並びに労働者の雇用の安定及び職業生活の充実等に関する法律
個人情報保護法	個人情報の保護に関する法律

2．告示・通達
厚労告	厚生労働省告示
基収	厚生労働省労働基準局長が疑義に答えて発する通達
基発	厚生労働省労働基準局長名で発する通達
基補発	厚生労働省労働基準局補償課長名で発する通達
地発	厚生労働省大臣官房地方課長名で発する通達

3．裁判例
地判	地方裁判所判決
地決	地方裁判所決定
地支判	地方裁判所○○支部判決
高判	高等裁判所判決
最一小判	最高裁判所第一小法廷判決
最二小判	最高裁判所第二小法廷判決
最三小判	最高裁判所第三小法廷判決

4．諸機関
厚労省	厚生労働省
経産省	経済産業省
文科省	文部科学省
労政審	労働政策審議会
労基署	労働基準監督署

第I章

人的資本開示時代への対応

2023年は，各社が人的資本経営に向けて大きく舵を切る年になる。人材が資産と見なされる時代に入ることで，人事部の役割はどのように変化するのだろうか。自社の人材マネジメントに求められる方向性を正確に理解し，効果的な取組みを進めていく必要があるだろう。

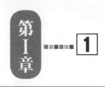

第I章 ┅┅ 1

人的資本経営と人事部門の役割
～人事は何を学んでいくべきか～

JSHRM 会長　中島　豊

> 　人的資本経営においては，人材マネジメントの位置づけも様変わりし
> てくると考えられます。企業価値を高めるという目的のために，人事部
> 門は新たにどのような役割を果たすべきなのでしょうか。

> ☝ **Point**
>
> ● 非財務情報が重視されるESG経営においては，経営を「企業価値を長期的に高める力の強化」と考える。
> ● 人的資本経営とは，人材を「資本」として捉え，その価値を最大限に引き出すことで，中長期的な企業価値向上につなげる経営のあり方とされる。
> ● キャッシュと資産を循環させる仕事をする力となるのが人材の「価値」であり，この価値を高める主体として働くのが人事部門である。

1 「経営」の始まり

「世界三大コンサルティングファーム」の１つといわれる経営コンサルティング会社のマッキンゼー・アンド・カンパニーの創業者であるジェームス・O・マッキンゼーは会計士でした。今では，会計は経営学の重要な一部と認識されていますが，元はといえば，経営は会計から生み出されたものです。

会計の歴史は大変古く，現在の会計の基礎となっている「複式簿記」のシステムは，紀元1300年頃にイタリアのトスカーナで開発されたといわれています。この頃のイタリアはいくつもの商業国家に分かれ，共同出資によって多くの資本を集めて商業を発達させました。複式簿記は，それまでの単式簿記のように「収入」と「支出」を集計するだけでなく，「資産」と「負債」の状況を同時に示すことで，「利益」と「損失」を示すことができました。これによって出資者たちに商業活動の状況を明確に示して利益の配分を行えるようになりました。

会計は17世紀のオランダでさらに発展し，オランダ東インド会社を筆頭にした国の商業的発展に貢献することになります。18世紀に入ると今度は

イギリスにおいて，多くの資本を必要とする工業が発展し始めたために，一般管理費，販売費，金利といった事業を構成するさまざまな要素のコストを明らかにすることができるように会計も発展し，販売実績から将来予測を立て，それに応じた生産計画を作るといった効率化が進められるようになり，その後の産業革命の推進を後押ししました。

　こうしてイギリスで培われて来た会計は当時の植民地であったアメリカにも持ち込まれました。ベンジャミン・フランクリン，トーマス・ジェファーソン，ジョージ・ワシントンといったアメリカ合衆国の基礎を作った人びとは皆，会計をよく知っており，やがてその知識は広く国中に流布していきました。

　そして19世紀の終わりには，フレディリック・テーラーが，人件費，原料費，労働時間などを正確に把握して，それによって月次決算に基づく詳細な原価計算によって生産管理を行う「科学的管理法」を生み出しました。

　この科学的管理法が経営の基礎となり，やがて会計を軸にして経営学を教えるビジネススクールや実践指南を行う経営コンサルティング会社が設立されました。

2　「金融資本経営」とその限界

　会計を軸にした経営とは，企業がもつ資本（金融資本）によって「資産」を稼動させ，それによって元の資本を拡大するような循環を生み出すことです（**図表1**）。ここでは，これを「金融資本経営」と呼びます。金融資本経営では，投資した資本を拡大させた差分が重要視されます。そこで，インカム・ステートメントによって計算される「利益」に注目が集まります。同時に資本の循環を把握するためキャッシュフロー表と貸借対照表を活用します。

　金融資本経営の手法は産業革命から20世紀の終わりに至るまで，大きな成功を収めました。産業が勃興し，企業は自国内にとどまらず海外にも規模を拡大させ，経営の複雑さが増すと共に，会計も複雑になりました。

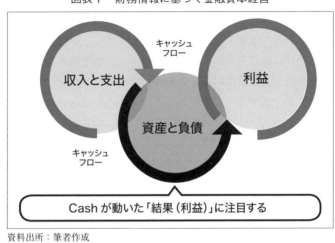

図表1　財務情報に基づく金融資本経営

資料出所：筆者作成

　会計を軸にした金融資本経営の一番の弱点は，「不正会計」です。2001年に発覚したエンロン事件を皮切りにワールドコム，タイコインターナショナル，アデルフィアなどの大企業の破たん，そして2008年のサブプライムローン問題をきっかけにした世界金融危機など，不正な会計により企業破綻や金融システム危機を招いた例を，私たちはたくさん知っています。

　これに対して，世界の金融当局はSOX法などの新しい法律を作り，内部統制の強化や財務ディスクロージャーの強化などのさまざまな対抗措置を講じましたが，高度に複雑化した会計制度は，もはやひと握りの高度な教育を受けた専門家しか扱えないようになり，不祥事を完全に防止することが困難になってきています。

3　非財務情報に注目したESG経営

　今日の企業活動はますます複雑になり，社会や環境に与える影響も無視できなくなっています。単独の企業が周囲にコスト負担を強いて自分の利益のみを追求する部分最適だけでは，世界全体に対する利益を損なって全

体最適を追求できなくなりました。

　例えて言えば，これまでの財務情報中心の経営は，野球の試合をスコア
ボードに示された数字だけを見て観戦しているようなもので，実際の選手
たちの動きに目がいっていませんでした。そのため，時に飛んで来る
ファールボールを避けることができずにケガをしていたようなものです。

　そこで，2008年のリーマン・ショックを経て，これまでの財務情報中心
の短期志向の経営のやり方から，企業と社会の持続的成長を目指して環境
や社会にも目配りした非財務情報を開示していくESG経営が提唱される
ようになりました。そして，2015年に国連で採択されたのが，2030年まで
を見据えた17の分野にわたる目標を提示した「持続可能な開発目標」
（Sustainable Development Goals：SDGs)です。日本の多くの企業もこ
れにコミットする意思表示をしています。

4　持続可能性を生み出す企業の「力」

　経営における非財務情報が重視され始めたことは，経営に対する考え方
の「パラダイム・シフト」が起こり始めていることを示しています。これ
までは，経営を「利益を目的とした収支管理」と捉えていたのに対して，
ESG経営では，経営を「企業価値を長期的に高める力の強化」と考える
ようになったのです。言い換えれば，企業は人々のより良い暮らしや幸福
を存在目的（Purpose）とし，経営とは，その目標を達成するために
キャッシュと資産を動かす「仕事」に必要な「力」を高めることであると
考え始めたのです（**図表２**)。

　これを先の野球観戦に例えると，経営とは，スコアボードを見るのでは
なく，ボールの動きを追い，さらには得点（幸福）を得るためにそのボー
ルを動かすことに主体的に参加することであると言えるでしょう。

　では，経営において「力」とは何でしょうか？

　例えば，物理学においては「仕事（W)」は，「力（F)」と「移動距離
（s)」のかけ算で表現されます。

図表2　非財務情報に基づく人的資本経営

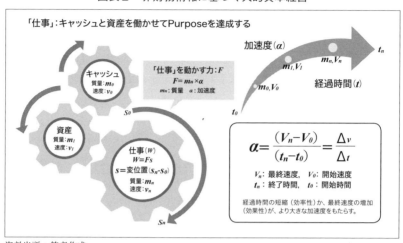

資料出所：筆者作成

$$W = Fs$$

　さらに，この力（F）は，物体の質量（m）加速度（α）のかけ算で表現されます。

$$F = m \cdot \alpha$$

　質量が一定の場合，力を高めるためには，加速度を大きくする必要があります。この加速度（平均加速度：α）は以下の式で表わすことができます。

$$\alpha = \frac{(V - V_0)}{t} = \frac{\Delta v}{\Delta t}$$

v ＝最終速度
v_0 ＝開始速度
t ＝経過時間

　物理学の理論を経営学に応用することは適切ではないかも知れませんが，あくまで比喩として考え方を整理すると，「企業価値を長期的に高める力」に必要な「加速度」を大きくするためには，効率性（経過時間 t の短縮）と効果性（最終速度 v の増加）を行えばいいのではないかということに行きあたります。すると，最近の経営に求められるものとして「迅速

18

化」「スピード」などの言葉が多いのも，なんとなく納得できるような気がします。

5　人的資本経営と人事部門

　2020年9月に経産省が「持続的な企業価値の向上と人的資本に関する研究会報告書〜人材版伊藤レポート」 DL1 DL2 を発表して以来，「人的資本経営」に強い関心が寄せられるようになりました。この人的資本経営という言葉について報告書を出した経産省では，「人材を『資本』として捉え，その価値を最大限に引き出すことで，中長期な企業価値向上につなげる経営のあり方」と定義しています。

　これは，まさにすでに述べたような会計中心の金融資本経営のパラダイムを脱して，ESG経営の中の特にS（Social：社会）に注目することで「企業価値を長期的に高める力の強化」を行うべきであると提唱していると考えます。つまり，キャッシュと資産を循環させる仕事をする力となるのが人材の「価値」であると言うことができます。この価値を高める主体として働くのが人事部門です。

　しかし，金融資本経営においては人事部門の役割は，「経営のサポート」「経営への貢献」と称して，人員削減をしてコストを減らし，採用によって生産を増やすことで売上げを増やすといった活動をすることで，端的な言い方をすれば会計上の利益を増やすことに専念する附随的な役割を担っていました。

　未だに古いパラダイム[1]に取り込まれがちな私たちは，「価値」という言葉を会計上の数字で考えてしまいます。けれども，人材の価値＝力は複

1．「パラダイム」とは，人々の間に存在する支配的な価値観や考え方を指している。ある時代における「常識」や「規範」というものはパラダイムの1つである。トーマス・クーンは『科学革命の構造』（1962年）において，研究者は一定の考え方，枠組みや前提に立って研究を進めるが，時として思考が行き詰まってしまった時に，枠組み自体を破壊してしまうことで大きな前進が得られることを「パラダイム・シフト」と呼んだ。天動説から地動説へ，ニュートン力学から相対性理論へといった人類の歴史的な思考の転換は，こうしたパラダイム・シフトの具体例であると言える。

図表3　人的資本経営のモニタリング

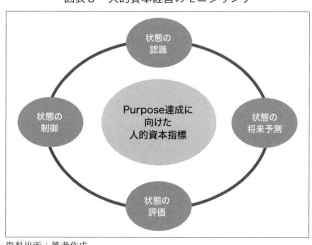

資料出所：筆者作成

式簿記のシステムでは表しきれるものではありません。そのため，これまでの経営の考え方ではとらえることのできない「異形の物」となってしまっているのではないでしょうか。

　人的資本経営の第一歩は，この異形の物を何らかの指標でとらえることです。指標で捉らえる事ができれば，人的資本経営のモニタリングが可能になり，それによって経営判断を行って企業を運営していくことができます。人的資本経営の指標は「個人と企業のPurposeとの整合性を示すもの」，つまり「人事施策の企画や実行と，望ましい企業の状況実現や従業員の人間的な欲求充足との整合性を示すもの」と定義されます。そして，指標をもつことによって，⑴状態を認識する，⑵状態の将来予測をする，⑶状態の評価をする，⑷状態の制御をする，といったプロセスを確立することで経営が可能になるのです（**図表3**）。

　政府は，2022年5月に「人的資本開示情報に関する政府指針」というものを出し，開示内容として，人材育成，健康安全，多様性，労働慣行といった分野に関連するものをあげましたが，例示にとどまり，具体的な共通の指標にまでは及んでいません。人的資本の状態を示すといっても，人材に関わるものには「数量化して測定することが可能であるが，不適当なも

の」や「数量化して測定することができないもの」といったものが多くて厄介だからです。

　そこで，数量化か可能で人的資本の量や質を示すことができるものを探す必要があるのですが，特に日本企業では人事の考え方や制度・施策に各社の独自性が多く，客観的な指標として開示できるものが少ないのが難点となっています。現在，多くの上場企業の人事が東証開示で一番悩んでいるのがこの点です。

6　日本の人事部門の弱点を克服するHRMナレッジ大系

　どうすれば人材の力が見えるように指標化できるのかというのは，今後の課題です。1つのアイディアは，すでに紹介した物理学の考え方を参考にすると，人材マネジメントの効率性（経過時間の短縮）と効果性（最終速度の増加）に着目することです。2022年5月の政府指針の中でも，例えば健康安全や労働慣行は働く人びとの士気を高め，労働供給力を増やすことで効率性を高めることにつながります。また人材育成や多様性は，働いた結果である成果の質を高めるといった効果性を高めることが期待されます。

　しかし，人材マネジメントの範囲は，企業における採用，配置，業績評価，報酬管理，育成と他方面にわたります。例えば，採用という限られた分野で効率性や効果性を高めるような部分最適だけでは，人材マネジメントの全体最適をかなえるとは限りません。また力の源泉である人材も多様な価値観と感情をもった存在です。人間存在そのものを理解する心理学，経済学，哲学といった人文社会学の知識も不可欠です。

　残念ながら，日本では企業経営の観点から人材マネジメントを幅広く体系的に学ぶことができる機会はなかなかありません。日本の人事部門とそこに勤務する平均的な人々の専門の能力は，この分野の教育が整っている諸外国と比べてかなり劣っているように思えてなりません。

　今後，人的資本経営を推進すべき日本の人事部門の能力の底上げを図る

図表4　HRMナレッジ大系

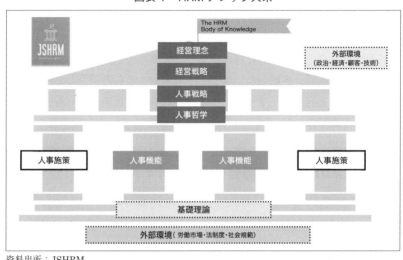

資料出所：JSHRM

　ことは必須です。その取りかかりとして大事なのが人事のプロとして何を
学んでいくかということを明らかにして人事の「知」を作ることです。
　日本人材マネジメント協会は，人事の仕事に携わるすべての人が使える
知となるよう，関係する知識を網羅した「HRMナレッジ大系」（「体系」
ではないことに注意）を作成しました（**図表4**）。この大系は，建物に例
えると，屋根である「経営理念」「経営戦略」と，それを支える梁となる
「人事戦略」「人事哲学」さらに，柱となる「人事機能」「人事施策」と，
それらすべてが乗っている土台となる「基礎理論」から構成されていま
す。また，その建物を取り囲む「外部環境」ともいえる，政治，経済，社
会，技術，さらには労働市場，法制度，社会規範といった内容を包摂して
います。この建物を俯瞰したのが「HRMナレッジ・マップ」（**図表5**）で，
それぞれ，外部環境，基礎理論，人事施策，人事機能に含まれる項目を示
しています。この大系は，それぞれの人事プロが自らの「不知の知」を見
定めて，能力開発をするために役立つはずです。日本企業が今後人的資本
経営を推進していくために，ぜひお役立ていただきたいと願っています。

図表5　HRMナレッジ・マップ

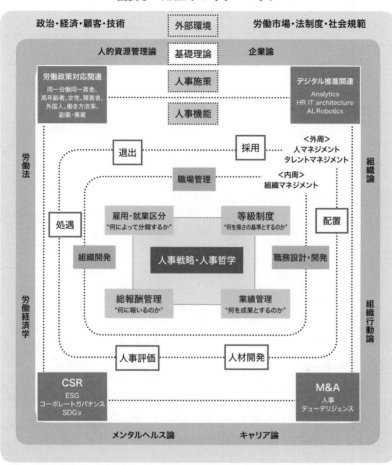

資料出所：JSHRM

プロフィール --

中島　豊（なかしま・ゆたか）　東京大学卒業後，富士通で人事・労務管理業務に従事。米国ミシガン大学に留学し欧米企業の人的資源管理を学ぶ。帰国後，リーバイ・ストラウスジャパン，日本ゼネラルモーターズ，GAP日本法人，Citiグループ，Prudentialグループ，日本板硝子を経て，現在はプロテリアル常務執行役員兼CHRO人事総務本部長。2021年1月より，日本人材マネジメント協会会長に就任。ミシガン大学経営大学院修了（MBA），中央大学大学院総合政策研究科博士後期課程修了（博士）。

人的資本情報開示の現状

日本総合研究所　リサーチ・コンサルティング部門

方山　大地／國澤　勇人／高橋　千亜希

1　人的資本情報開示に対する世界的な関心の高まり

2　人的資本情報開示に関する諸外国および日本の動向

3　ISO30414とは何か

4　日本企業における人的資本情報開示の現状

5　調査結果から見えた課題

6　「人的資本可視化指針」およびISO30414の活用方法

上場企業を中心として，人的資本の情報開示に向けた取組みが加速しています。経産省が指針を公表していますが，企業としてはどのようなスタンスで，どのような内容の情報開示を進めたらよいのでしょうか。

> **Point**
>
> ● 2018年に発表されたISO30414が，人的資本の情報開示に特化した世界初の国際標準ガイドラインとして注目を集めた。
>
> ● 日本では2021年に改訂されたコーポレートガバナンス・コードの補充原則のなかで，人的資本投資についての情報開示が求められ，2022年8月に上場企業向けに「人的資本可視化指針」が公表された。
>
> ● 企業においては，上記指針における「独自性」「比較可能性」の観点から検討した指標を，「価値向上」「リスクマネジメント」の観点からも再分類し，バランスをチェックすることが重要になる。

1 人的資本情報開示に対する世界的な関心の高まり

　近年，日本企業においても，上場企業を中心として人的資本の情報開示への関心が急速に高まっています。関心の高まりの契機となったのは，2020年8月に米国証券取引委員会（SEC）が，レギュレーションS-K（注1）を改定して上場企業に人的資本に関する情報開示を義務づけたことでしょう。

　それと同時に注目を集めてきたキーワードの一つにISO30414があります。ISO30414は，2018年12月に国際標準化機構（ISO）が発表した，人的資本の情報開示に特化した世界初の国際標準ガイドラインです。米国の上場企業が人的資本に関する情報開示を義務づけられたことによって，「具体的にどのような情報を開示していけばよいのか」という点に関心が集まり，代表的なガイドラインであるISO30414が注目されるようになったといえるでしょう。実際，米国の上場企業ではISO30414をベースにした人的資本の情報開示が進んでおり，日本企業からも注目が集まっています。

　そこで以下では，近年の諸外国および日本の人的資本の情報開示を巡る

図表1　諸外国および日本の動向

地域	人的資本の情報開示を巡る動向
欧州	・2014年2月に欧州委員会（EC）が非財務情報開示指令を公表：企業に非財務情報の開示を義務付け。その中の一要素として，「社会・従業員」の項目で性差別廃止と機会均等，労働安全衛生等についての開示を推奨。2021年4月の改定案で対象企業が拡大。 ・2022年11月に欧州サステナビリティ報告基準（ESRS）の最終版が，欧州財務報告諮問グループ（EFRAG）によって承認され，2023年6月を目途に採択される見通し
米国	・2020年8月に米国証券取引委員会（SEC）がレギュレーションS-Kの開示項目を改定：上場企業に，自社のビジネスを把握・理解するために必要な範囲での人的資本の開示・説明を要請。 ・2021年6月に米国連邦議会の下院を「Workforce Investment Disclosure Act」が通過：人的資本について具体的な8項目の開示を規定しており，現在も審議が継続中。
日本	・2021年6月に金融庁と東京証券取引所より改訂版コーポレートガバナンス・コードを公表：補充原則にて，人的資本への投資等に関する情報開示を規定。 ・2022年8月に人的資本の情報開示指針を公表。

資料出所：日本総合研究所

動向やISO30414の概要を整理したうえで，現在の日本企業における人的資本の情報開示状況についても触れ，今後，日本企業が人的資本の情報開示をどのようにとらえて動くべきかを検討したいと思います。

2　人的資本情報開示に関する諸外国および日本の動向

　人的資本の情報開示の動きは欧米が先行しています。ただし，欧米で先行している動きは，あくまでも上場企業を中心に人的資本の情報開示を義務づけることであって，「具体的に何を開示すべきか」という点については，大部分が企業の自主性に委ねられている状態です。つまり，現段階では，各国の市場における具体的な開示ルールが確立されているわけではないのです。

　諸外国の動きをもう少し詳しくみていきましょう（**図表1**）。

　欧州の場合，欧州委員会（EC）より2014年2月に非財務情報開示指令が出ており，企業に非財務情報の開示が義務づけられるようになりまし

た。そうした非財務情報の一つとして，人的資本に関しても，「社会・従業員」の項目で性差別廃止と機会均等，労働安全衛生などについての開示が推奨されるようになりました。2021年4月には非財務情報開示指令の改正案が公表され，開示対象となる企業が，非上場の企業も含むすべての大企業と，中小企業を含むすべての上場企業に拡大されています。

米国では，前述のとおり，2020年8月に米国証券取引委員会によりレギュレーションS-Kに規定される開示項目が改定され，上場企業には自社のビジネスを把握・理解するために必要な範囲で人的資本の開示・説明が求められるようになりました。ただし，レギュレーションS-Kにおいては，企業が重視する人的資本の説明や人的資本に関する施策などを開示するように求められており，具体的な開示項目までは規定していません。

このように，欧米では非財務情報の一つとして，具体的な項目を規定しないまでも，人的資本に関する何らかの情報開示を上場企業に義務づける動きが出てきています。

一方，日本の場合はこれまで，欧米と比べて明確な形で人的資本の情報開示が義務づけられることはなかったといえます。しかし，2021年6月に改訂されたコーポレートガバナンス・コードの補充原則のなかで，人的資本への投資などについて情報開示が求められるようになりました。とはいえ，こちらも欧米と同様に具体的な開示項目までは規定していません。

それでは，具体的な開示ルールに関する議論はどのように進んでいるのでしょうか。例えば，米国では，人的資本の情報開示を求める法案「Workforce Investment Disclosure Act」の審議が続いています。本法案は，人的資本について具体的な8項目の開示を義務づける内容になっており，各項目の開示基準については米国証券取引委員会が策定すると定めています。法案は2021年6月に米国連邦議会の下院を通過し，同年9月に上院で公聴会が実施され，今後，正式に可決された場合，いよいよ米国でも具体的な開示項目のルールが適用されることになります。

日本では，2023年3月期の有価証券報告書より，人的資本について3つの観点で開示が求められることになりました（**図表2**）。

このように，すでに各国では人的資本の情報開示を迫られており，開示

図表２ 有価証券報告書における３つの開示の観点

i	中長期的な企業価値向上における**人材戦略の重要性を踏まえた「人材育成方針」（多様性の確保を含む）**や**「社内環境整備方針」**について，有価証券報告書のサステナビリティ情報の「記載欄」の「戦略」の枠の開示項目とする
ii	それぞれの企業の事情に応じ，上記の**「方針」と整合的で測定可能な指標（インプット，アウトカム等）の設定**，その目標及び進捗状況について，同「記載欄」の「指標と目標」の枠の開示項目とする
iii	**女性管理職比率，男性の育児休業取得率，男女間賃金格差**について，中長期的な企業価値判断に必要な項目として，有価証券報告書の「従業員の状況」の中の開示項目とする

資料出所：日本総合研究所

ルールの具体化が見込まれる今後は，企業はこれまで以上に具体的な人的資本の情報開示が求められることになります。

3 ISO30414とは何か

ISO30414は，数あるISOの規格のなかで，企業の人材領域に特化した世界初の国際標準ガイドラインとして策定されました。

ISO30414では，コンプライアンスやダイバーシティなど，人的資本に関する11領域の測定基準を設定しています（**図表３**）。

ただし，ISO30414のなかでは，測定基準ごとに開示先が規定されており，具体的には，①内部のステークホルダーへの開示，②外部のステークホルダーへの開示，の２種類が想定されています。①の観点からは，自社の人的資本に関するデータを経営層に開示し，そのデータに基づき人材戦略や人事施策を議論・策定していくことを求めているといえます。一方，②の観点からは，まさしく自社の人的資本の状況および投資の状況を，主に外部の投資家に説明することを求めているといえます。

いずれにせよ，すべての測定基準についてデータを外部に開示するよう規定されているわけではない点に留意が必要です。

では，ISO30414が企業の人材マネジメントにもたらす意味は，どのような点にあるのでしょうか。**図表３**にも記載した測定基準は，ISO30414

図表3　ISO30414の測定基準

人的資本に関する領域	概要
1．コンプライアンス・従業員倫理	規律やコンプライアンスに対する測定指標
2．人件費	人材の調達や雇用に際して発生するコストを測定する指標
3．多様性（ダイバーシティ）	従業員やリーダー層以上の多様性・構成を測定する指標
4．リーダーシップ	部下から見た，マネジメントに対する信頼度を測定する指標
5．組織文化	従業員のエンゲージメントや満足度を測定する指標
6．従業員の健康・幸福度	労災の実態等を測定する指標
7．生産性	人的資本への投資対効果・アウトカムを測定する指標
8．採用・異動・配置・離職	採用から離職までのHRMの一連のプロセスについて測定する指標
9．スキル・能力	人的資本のスキル・能力の向上に要するコスト等を測定する指標
10．サクセッションプランニング	重要ポジションに対する後継者計画の推進度合いを測定する指標
11．利用可能な労働力	非正規人材を含めた従業員数等の指標

資料出所：日本総合研究所

のなかでそれぞれ「どのように算出すればよいか」という点まで明記されています。基礎的な人事データがそろっている企業であれば，収集・開示していくことはじつはそれほど難しくないと想定されます。だからといって，ISO30414が単に測定基準を示す意味しかもっていないわけではありません。

　ISO30414は，これまでおろそかにされがちであった企業の人材領域における定量的な成果の開示を求めているという点に，大きな意味があると考えられます。従来，企業の間接機能の一つである人事においては，そもそも成果指標が曖昧になりがちであったため，「人材への投資による成果がどうだったか」という点が明確に求められていなかったといえます。しかし，ISO30414には，人材領域における定量的な成果を測定するための基準も含まれています。少なくとも，人材に対する投資の成果を曖昧にしたままにするわけにはいかないということになります。

　このように，ISO30414は人的資本の測定基準を規定していますが，その裏側には，企業の人材領域の取組みに対する具体的な成果の開示という厳しい要請が隠れていると考えられます。人的資本の情報開示に取り組む際には，自社の人事のあり方そのものを考える必要もあるのです。

4　日本企業における人的資本情報開示の現状

　先に述べたとおり，2021年6月に改訂されたコーポレートガバナンス・コードの補充原則3-1③（注2）において，上場企業は人的資本の情報開示を迫られることになりました。

　また，上場企業は2022年4月の東京証券取引所の市場区分見直しの手続きにおいて，「コーポレート・ガバナンスに関する報告書」（以下「ガバナンス報告書」）を2021年12月末までに開示する必要がありました。つまり，コーポレートガバナンス・コードの改訂とガバナンス報告書における開示要請により，上場企業各社の人的資本の情報が出そろったといえます。

　それでは，この2021年12月末時点において日本の上場企業はISO30414の測定基準にどの程度沿う形で開示を行ったのでしょうか。2023年3月期の有価証券報告書が提出されていない本稿執筆時点における調査は，やや時期尚早にも思えますが，ISO30414との関係を確認することは，情報開示のあり方や課題を考えるうえで少なからず参考になると思われます。

　そこで，日本総合研究所では，今回は以下の要領で，TOPIX100企業を対象に，各社のガバナンス報告書の人的資本情報に関する記載事項を調査・分類しました。

　調査対象企業：2021年12月末日時点でのTOPIX100企業（合計100社）
　調査方法：調査対象企業のガバナンス報告書のうち，補充原則3-1③の
　　記載事項から，以下の2点を確認し，集計。
　（1）　人的資本の情報開示の有無
　（2）　人的資本の情報開示がある場合，ISO30414の測定項目に準拠す
　　る定量情報の開示状況

　まず，TOPIX100企業について，3-1③の本文中で「人的資本」「人材」「人への投資」に関する記載がある場合を「人的資本に関する情報開示が

ある企業」とみなして分類したところ，100社中82社が該当しました。残りの18社は，3-1 ③のなかでも知的財産やサステナビリティに関してのみ記載され，人的資本に関する言及がみられなかったため，今回の調査では，「人的資本に関する情報開示がみられない企業」としています。

　なお，情報開示の方法としては，3-1 ③の本文に詳細を記載する以外に，別の情報源の参照を促す場合が多くみられます。情報源の一例には，各社のホームページ，統合報告書やサステナビリティレポート（もしくはその抜粋）などの資料がありますが，82社中 4 社は，コーポレートガバナンス・コード補充原則2-4 ①（注3）を参照する形としています。

　次に「人的資本に関する情報開示がある企業」82社について，ISO30414の測定項目に沿った情報の定量化がどの程度なされているかを明らかにすべく，**図表3**に示す11の領域ごとに，以下の分類を行いました。

A-1）現状や実績について，3-1 ③本文で，定量的な情報を開示している。
A-2）現状や実績について，別の情報源の参照を促す形で，定量的な情報を開示している。
B）今後の目標について，3-1 ③本文または別の情報源の参照を促す形で，定量的な情報を開示している。

　なお，A-2の「別の情報源」には，先述のとおり，各社のホームページや統合報告書などが該当します。そのうち，今回の調査では，「人的資本に関する定量情報が，別の情報源のどこに記載されているか，その範囲が明確化されている場合」のみを集計対象としています。言い換えれば，参照範囲を明確にすることなく，単に当該企業のトップページが引用されている場合や，統合報告書などの表紙URLが引用されている場合などは，社内外との対話・発信を行ううえで効果的な引用とはいえず，「定量情報の開示はしていない」ものと位置づけています。

　人的資本に関する現状や実績について開示されている定量情報（A-1およびA-2）については，**図表4**に示すとおり，「多様性（ダイバーシティ）」領域が44社と最も多く，次いで「スキル・能力」が33社，「従業員の健康・

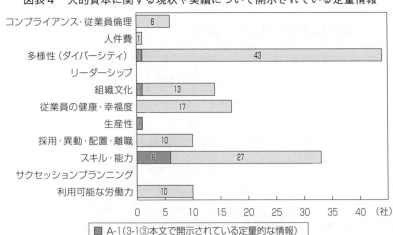

図表4　人的資本に関する現状や実績について開示されている定量情報

幸福度」が17社で３番目に多い領域でした。各領域の代表的な指標を例示すると，「多様性」領域では「管理職における女性の割合」が多く，「スキル・能力」領域では「従業員が研修に参加した平均時間」が，「従業員の健康・幸福度」領域では「労働災害の件数」などがあげられます。

　人的資本に関する定量的な目標（B）についても，「多様性（ダイバーシティ）」領域が26社と最も多く，A-1およびA-2同様，「管理職における女性の割合」に関する目標が目立っています。その他の領域は，3-1 ③本文でも別の情報源でもほとんどみられず，「組織文化」領域と「従業員の健康・幸福度」領域は，いずれも３社が開示しています。「組織文化」領域の指標としては，「従業員満足度調査のスコア（または肯定的回答の割合）」が多くみられ，「従業員の健康・幸福度」領域はA-2と同様，「労働災害の件数」などがあげられます。

5 調査結果から見えた課題

　調査結果からは，日本における人的資本情報開示がISO30414の11領域のなかでも多様性（ダイバーシティ）を中心に進んでいることがわかります。

　本稿ではダイバーシティに関する詳細は説明を省略しますが，ダイバーシティの重要性や情報開示は，人的資本に先行して進んでいました。経済産業省が2019年にリリースした「ダイバーシティ2.0行動ガイドライン」の改訂版は，各社のダイバーシティの取組みについてKPIを定めることを促しており，具体的なKPI例も示されています。こうした状況から，今回，人的資本の情報開示が求められるに際し，女性管理職比率などのダイバーシティに関する情報を，人的資本情報開示にあてはめた例も多くみられたところです。

　しかしながら，有価証券報告書で求められる開示情報（**図表2**）からもわかるとおり，ダイバーシティに関する情報のみを開示するのでは人的資本の情報開示としては不十分であり，各企業は，人的資本情報のダイバーシティ以外の項目について，「どのように指標を設けるべきか」を検討する必要がありそうです。それらの検討を進める際，2022年8月に非財務情報可視化研究会によって公表された「人的資本可視化指針」 DL3 （以下，「可視化指針」と表記）が参考になります。

6 「人的資本可視化指針」およびISO30414の活用方法

　可視化指針では，具体的な開示事項の検討に際する留意点として，「他社の事例や特定の開示基準に沿った横並び・定型的な開示に陥ることなく，自社の人的資本への投資，人材戦略の実践・モニタリングにおいて重要な独自性のある開示事項と，投資家が企業間比較をするために用いる開

示事項の適切な組合せ，バランスの確保をすること」を示しています。

　独自性のある指標とは，自社固有の戦略やビジネスモデルに沿う指標であり，各社によって異なるものとなることが予想されます。企業のビジネスモデルや競争優位の源泉が多様化するなかで，自社の経営戦略・人材戦略に即した指標を内外に示すことは，投資家をはじめとするステークホルダーからの納得感を得られ，企業価値の向上や労働市場からの評価につながることになるでしょう。

　比較可能性のある指標とは，投資家等が企業間比較の観点から重視する典型的な情報を指します。ISO3014が示す指標もこれに含まれ，その他にも多数の開示基準・指標が例示されています。

　また，可視化指針は，「独自性」「比較可能性」の観点とは別に，「企業の戦略的な企業価値向上に向けた取組を表現し，投資家からの評価を得ることを企図する「価値向上」に関する開示と，投資家からのリスクアセスメントニーズに応え，ネガティブな評価（devaluationやdivestment）を回避する観点から必要な「リスク」に関する開示の双方が含まれる。」旨も示しています。すなわち，「独自性」「比較可能性」の観点から検討した指標を，「価値向上」「リスクマネジメント」の観点からも再分類することで，バランスをチェックすることが重要といえるでしょう。

　とは言え，各企業においては2023年度より，人材育成方針等や各企業の事情に応じた指標を完全な形で開示することは困難を極めるでしょう。今回の可視化指針においても，「最初から完成度の高い人的資本の可視化を行うことは難しい。（中略）まずは，『できるところから開示』を行った上で，開示へのフィードバックを受け止めながら人材戦略やその開示をブラッシュアップしていく，一連のサイクルにステップ・バイ・ステップで臨んでいくことが望ましい」と示されています。

　本来の人的資本経営のあり方から考えれば，各企業の経営戦略を踏まえた人材戦略があり，その人材戦略に応じて，各企業が人材戦略の実行に向けて定点観測すべき人的資本に関する指標を定め，何を対内的に対外的に開示するかを検討することが必要です。

　今後は「何を開示すべきか」という検討に留まることなく，「自社の人

材戦略は何か」「そのための指標は何か」を深く議論する必要がある　のではないでしょうか。

（注１）　米国証券取引委員会（SEC）へ提出する年次報告書（Form10-K）のうち，財務諸表以外の開示について定める規則
（注２）　コーポレートガバナンス・コード補充原則3-1 ③「上場会社は，経営戦略の開示に当たって，自社のサステナビリティについての取組みを適切に開示すべきである。また，人的資本や知的財産への投資等についても，自社の経営戦略・経営課題との整合性を意識しつつ分かりやすく具体的に情報を開示・提供すべきである。（以下略）」
（注３）　コーポレートガバナンス・コード補充原則2-4 ①「上場会社は，女性・外国人・中途採用者の管理職への登用等，中核人材の登用等における多様性の確保についての考え方と自主的かつ測定可能な目標を示すとともに，その状況を開示すべきである。（以下略）」

プロフィール --

方山大地（かたやま・だいち）　株式会社日本総合研究所　リサーチ・コンサルティング部門　コンサルタント。人材戦略立案・人事制度の構築，人的資本情報の開示，人事システムを活用した人材マネジメントの高度化，人事データの利活用を通じた人的課題の解決等をテーマとする各種コンサルティングに従事。

國澤勇人（くにさわ・はやと）　株式会社日本総合研究所　リサーチ・コンサルティング部門　マネジャー。人材戦略立案・人事制度の構築，人的資本情報の開示，取締役・執行役員報酬制度の改革，スキル・マトリックスを活用した取締役の人材要件定義・サクセッションマネジメント，指名委員会・報酬委員会の設計・運営，DX推進のための組織・人材戦略等をテーマとする各種コンサルティングに従事。

髙橋千亜希（たかはし・ちあき）　株式会社日本総合研究所　リサーチ・コンサルティング部門　マネジャー，産業カウンセラー。立教大学大学院修了後，独立系ファームを経て日本総合研究所に入社。一貫して組織・人事コンサルティングに従事。近年は人的資本経営の実践に向けて，コーポレートガバナンス推進，人材戦略の立案，戦略に基づく組織および人事制度の設計，DX推進支援等に注力。

人的資本開示時代における
福利厚生の可能性

山梨大学　教授　　西久保浩二

1　投資家が注目する「人材」
2　福利厚生の可能性
3　問われる人材マネジメント

人的資本投資という新たな視点が人材マネジメントに求められる時代に入り，これまで日本企業が蓄積してきた多様な福利厚生施策はどのような役割を担うことができるのでしょうか。

> ### ✏️ Point
> ● 市場が「人材」の重要性を改めて認識し始めるなか，人的資本への投資における有効な手段として，福利厚生の役割の重要性が大いに高まる
> ● 企業価値に貢献できる人材を得るための戦略的福利厚生としてブラッシュ・アップすることが，人的資本開示の要請に応えることとなる

1 投資家が注目する「人材」

　2020年9月に「持続的な企業価値の向上と人的資本に関する研究会報告書（経済産業省）」（通称：人材版伊藤レポート）DL1 DL2 が発表された。第四次産業革命，少子高齢化，そしてコロナ禍の到来などの激しい環境変化のなかで，日本企業が持続的に企業価値を高めるべく，人的資本へのより一層の投資拡大の必要性を問うた。この研究会を受けて2021年6月には東京証券取引所の「コーポレートガバナンス・コード（企業統治指針）」が改訂され，新たに「人的資本」に関する情報開示という項目が追加されることになる。

　一見，唐突な動きにも見えるが，実はわが国のこうした動きに先立つ2018年12月には，国際標準化機構（ISO）が「ISO30414」を発表している。これは企業が人的資本を開示するための詳細なガイドラインである。つまり，世界は既に人的資本開示に向けていち早く動き出していたのである。なぜ，今，人的資本なのか，そしてなぜ開示が求められるのか。

　これは市場，つまり投資家たちが企業価値を中長期的に左右する要因として，「人材」の重要性を改めて強く認識し始めたためである。そして「人材」を投資すべき対象としての「資本」として捉えるべきだ，と動き出したのである。企業価値の根源が土地，建物，機械，金銭，有価証券などの

有形資産から，ソフトウェア，デザイン，ブランド力など無形資産へと大きくシフトする近年，その無形資産の拡大を担う核となる「人的資本」への投資が注目されたのは，当然の流れといってよい。ただ，日本企業の多くはこの動きに明らかに乗り遅れている。過去の“東洋の奇跡”とも称された高度成長のサクセストラップに陥っているためといってもよかろう。

2　福利厚生の可能性

　このように，人的資本への投資とその成果の開示が強く求められるなかで，筆者は福利厚生の役割の重要性が大いに高まったと捉えている。つまり，人的資本への投資における有効な手段として，そして価値ある投資効果，例えば人材の確保・活用とそれを通じた無形資産形成に直結する創造性や，エンゲイジメントを高める機能が期待できるからである。

　わが国で初めて先のISO30414認証を獲得したのは，組織人事コンサルティング事業を展開するリンクアンドモチベーション社（以下，LM社）であった。

　当該企業が開示した内容を例示して（下線部分），開示項目を列挙すると以下のとおりである（同社発行の「Human Capital Report 2021」より抜粋）。

【ISO30414　人的資本11開示基準と実例】（一部）
1．コンプライアンスと倫理（懲戒処分件数，苦情件数）
2．コスト（総労働力コスト，採用コスト），
3．ダイバーシティ　（年齢・性別・障がい者・経営陣等の多様性状況）
4．リーダーシップ（管理職1人当たり部下数，リーダーシップに対する信頼），
5．組織文化（エンゲージメント等の従業員意識，定着率），
6．健康，安全・幸福（労災件数，労災による損失時間，死亡者数等），
7．生産性（従業員1人当たり業績，人的資本ROI），

8．採用・異動・離職（採用社員の質，離職率，自発的離職率，離職理由），
9．スキルと能力（研修への参加率，研修受講時間），
10．後継者計画（内部承継率，後継者候補準備率），
11．労働力（従業員数，臨時の労働力，欠勤等）

　この開示項目と認証企業であるLM社のレポートを見ると，単なる現状データ（例えば，従業員数や離職者数）ではなくて，そのデータが企業の行動として，制度として何を実行した，あるいはしなかった結果なのか，という点も当然，記述される内容となる。当然である，というよりも，そうでなければ認証は難しいのであろう。

　また，同時に情報の開示がなされるということは，市場から相対評価，つまり優劣の評価がなされることを意味している。これは認証うんぬんとは別の問題として，開示が求められているすべての上場企業が直面する事態となる。要するに，人的資本の投資が適時，適切になされ，将来の企業価値の向上を予見できるデータを開示できなければ，逆効果にもなりかねないわけである。

　この何を実行したのか，つまり人的資本にいかに投資を行ったか，という部分で今後，福利厚生が多面的に活躍することになると考えられる。

　例えば，「ダイバーシティ」を実現するためにはさまざまな両立支援が不可欠となろうし，「採用・異動・離職」での自発的離職率の抑制のために，どんな対応を行ったか，が問われるであろう。福利厚生の従業員コミュニケーション施策などは，有効な対応のひとつであろう。「スキルと能力」というならば，やはり今やテレワークベースでのe-Learnning型の自己啓発・能力開発支援が不可欠であり，効果的な対応となる。

　「健康，安全・幸福」などは，まさに多様な福利厚生施策を展開することで大いに貢献できることになる。

3　問われる人材マネジメント

　こうして考えてみると，市場が迫る人的資本投資，そしてISO30414が先導し，求めている対応において，これまで日本企業が蓄積してきた多様な福利厚生施策を，人的資本投資という新たな視点，企業価値に貢献できる人材を得るための戦略的福利厚生としてブラッシュ・アップすることが要請に応えることとなり，開示できるデータ・レベルに近づけることができるのではなかろうか。ちなみに同社のレポートでは「人的資本ROI」という指標を策定して開示しているが，これは営業利益を人的資本コストで除した指標である。

　この人的資本コストの中身は，給与，賞与，役員報酬などであるが，福利厚生費も含まれている。その意味は，福利厚生費がどの程度，利益（価値創出）に貢献したか，ということに他ならない。

　しかし，それにしても11次元，58項目という実に広範囲での開示をISO30414が求めていることには驚かされる。組織風土，後継者計画，リーダーシップ，健康，安全，幸福など公開すべき内部データの作成がかなり困難と推測されるものまで，あえて開示を求めているとしか思えない。つまり，それまで社内ではデータ化されることもなく，関心も薄かった課題に目を向けよ，と強いメッセージを発しているように思えてらない。

　筆者が考えるに，おそらく，このISO30414が求めているのは単なる行動と結果の開示ではないのではなかろうか。これまでの人材マネジメントを根底から変革せよ，企業の独善的なマネジメントではなく，市場からの厳しい評価の目に耐えられる今日的なものへの変革せよと伝えようとしている。日本企業には厳しいメッセージである。

プロフィール--

西久保浩二（にしくぼ・こうじ）　1958年大阪府生まれ。1982年神戸大学経済学部卒業後，大手生命保険生命に入社。（財）生命保険文化センターを経て，2006年より現職。筑波大学大学院経営政策科学研究科修士課程修了。同博士課程単位取得。著書に『介護クライシス』『戦略的福利厚生』（日本労務学会学会賞（学術賞）受賞）等多数。

豆知識① 『人材版伊藤レポート』とは

　「人的資本投資」という文脈で必ず参照される『人材版伊藤レポート』とは，そもそも何なのでしょうか。

　これは，経産省の「持続可能な企業価値の向上と人的資本に関する研究会」が，2020年1月～2020年7月にかけて6回開催され，2020年9月，その報告書としてまとめられたものです。「伊藤レポート」という部分は，研究会の座長が，会計学者の伊藤邦夫氏であることから来ています。研究会のメンバーは，経営者7人，投資会社関係者3人，コンサルティング会社2人，ジャーナリスト1人，計13人。事務局は，経済産業省　経済産業政策局　産業人材政策室。オブザーバーには，金融庁　企画市場局　企業開示課。

　2021年7月～2022年3月には，やはり経産省の研究会として，ほぼ同じ構成メンバー，同じ座長で，「人的資本経営の実現に向けた検討会」が開催されました。その報告書が，2022年5月，『人的資本経営の実現に向けた検討会報告書～人材版伊藤レポート2.0～』としてまとめられています。2020年9月の『人材版伊藤レポート』を実践するための工夫，アイデアをまとめた「実践事例集」といった内容となっています。

　ところで，「人材版」というのは，他にも経産省内の研究会で伊藤氏がまとめた報告書があるためです。たとえば，2022年8月には，「サステナブルな企業価値創造のための長期経営・長期投資に資する対話研究会（SX研究会）」が「伊藤レポート3.0（SX版伊藤レポート）」をまとめています。

第II章

労働法制と労働判例の動向

1 2023年度 労働法制の動き

北岡社会保険労務士事務所

特定社会保険労務士・東洋大学准教授

北岡　大介……43

2 2022年の注目裁判例

第210回国会では労働関連法制の改正は障害者雇用促進法等の
みとなっていたが，2023年度には無期転換ルールの見直し，多様な
正社員の労働条件明示，裁量労働制の見直し等が進められる。それ
らの動きに先立って，2022年には注目すべき労働分野の裁判例が多
く出されている。

2023年度 労働法制の動き

北岡社会保険労務士事務所　特定社会保険労務士・東洋大学准教授　北岡　大介

1 電子通貨による賃金支払い
2 改正労働安全衛生省令の施行
3 育児休業取得状況の公表義務化
4 時間外割増率の中小企業に対する適用猶予の廃止
5 被用者保険の適用対象拡大
6 障害者雇用促進法の改正
7 今後の法制化の動き
　(1) フリーランス新法の検討
　(2) 解雇の金銭的解決制度の動向
　(3) 無期転換ルール見直しの動向
　(4) 多様な正社員に対する「就業の場所および従事すべき業務の変更の範囲」等の明確化
　(5) 専門・企画型裁量労働制の改正動向

　2022年は改正育児・介護休業法，特に産後パパ育休への対応，男女間の賃金の差異の開示等に追われていました。2023年には，労働法制に関してどのような動きが予定されているのでしょうか。

> **☝ Point**
>
> ● 2023年4月1日施行の改正法令等としては，電子通貨による賃金支払い，危険作業の保護措置にかかわる労働安全衛生省令の改正，男性労働者の育児休業取得状況の公表義務化，中小企業に対する時間外割増率の適用猶予の廃止がある。
>
> ● その他，有期労働契約の無期転換に関わる労働条件の明示，多様な正社員の労働条件の明示，裁量労働制の適用に際しての本人同意に関わる事項の改正，企画業務型の対象業務追加等の省令・告示の施行等がある。

1 電子通貨による賃金支払い（2023年4月1日施行）

　電子通貨による賃金支払いがいよいよ解禁されることとなりました。厚労省は同解禁にかかる労基法改正省令を2022年11月1日に公布しており，2023年4月1日に施行されます。同改正の趣旨は，銀行振込等による賃金支払いに加えて，「キャッシュレス決済の普及や送金サービスの多様化が進む中で，資金移動業者の口座への資金移動を給与受取に活用するニーズも一定程度見られることから，一定の要件を満たした場合には，労働者の資金移動業者の口座への賃金支払を可能とする」というものです。

　改正政省令に示された一定の要件としては，「労働者の同意を得た場合」に限り，第2種資金移動業者（資金決済法に基づくもの）であって，以下①～⑧の要件を満たすものとして厚労大臣の指定を受けた場合につき，電子通貨での賃金支払いを可能とします。

① 賃金支払いにかかる口座の残高の上限額を100万円以下に設定していること，または100万円を超えた場合でも速やかに100万円以下にするための措置を講じている

② 破綻などにより口座残高の受取りが困難となったときに，労働者に口

座残高の全額を速やかに弁済するなどの保証の仕組みを有している

③　労働者の意に反する不正な為替取引その他の当該労働者の責めに帰すことができない理由により損失が生じたときに，その損失を補償する仕組みを有している

④　最後に口座残高が変動した日から，少なくとも10年間は労働者が当該口座を利用できるための措置を講じている

⑤　賃金支払いにかかる口座への資金移動が1円単位でできる措置を講じている

⑥　ATMを利用すること等により，通貨で，1円単位で賃金の受取りができ，かつ，少なくとも毎月1回はATMの利用手数料等の負担なく賃金の受取りができる措置を講じている

⑦　賃金の支払いにかかる業務の実施状況および財務状況を適時に厚労大臣に報告できる体制を有する

⑧　賃金の支払いにかかる業務を適正かつ確実に行うことができる技術的能力を有し，かつ，十分な社会的信用を有する

　また，給与支払いの責任を担う使用者においては，電子通貨での賃金支払いに際し，当然に労働者に対し必要事項を事前説明し，同意を得る必要があるうえ，「労働者が銀行口座等への賃金支払いも併せて選択できること」が求められます（ DL4 ）。これは，労働政策審議会で「現金か資金移動業者の口座の二択しか提示されない場合，事実上強制されるおそれがある」と指摘されていたことへの対処になります。

　その他，労働者への説明事項として「滞留規制，破綻時の保証，不正引出しの補償，換金性，アカウントの有効期間」などがあげられています。

　一方，資金移動業者には，前記①のとおり，電子通貨口座の残高は100万円以下とすると共に，⑥のとおり，ATMでの現金引出しを可能とすること，さらに，毎月1回は少なくとも手数料負担なく引出し可能とすることが義務づけられます。また，②のとおり，資金移動業者破綻時の保全措置を義務づけると共に，⑧のとおり，技術的能力・社会的信用性などを求めており，同業務に参入しようとする資金移動業者には，相当に高いハードルを課したものと言えます。

図表1　賃金の電子通貨払いの流れ

```
1  書面または電磁的記録による個々の労働者の同意
 (1) 口座振込み等を希望する賃金の範囲, 金額
 (2) 労働者が指定する金融機関店舗名, 預金・貯金の種類, 口座番号　等
2  過半数労働組合もしくは労働者の過半数代表者との協定締結
 (1) 口座振込み等の対象となる労働者の範囲
 (2) 口座振込み等の対象となる賃金の範囲, 金額　等
3  所定の賃金支払日に賃金の支払いに関する計算書を交付
 (1) 基本給, 手当その他賃金の種類ごとの金額
 (2) 源泉徴収税額
 (3) 口座振込み等を行った金額　等
4  所定の賃金支払日の午前10時ごろまでに払出しまたは払戻しが可能となっていること
```

資料出所：厚労省。以下, 同じ。

　賃金の電子通貨払いは, 使用者側から, 振込手数料の減免・無料化, 給与支払いの事務簡便化等が期待されていましたが, 上記改正の結果, 給与支払事務が従前よりも煩雑・複雑になる懸念も残るところであり, 実施後の運用動向が注目されます。

2　改正労働安全衛生省令の施行（2023年4月1日施行）

　2022年4月15日付けで安衛法に基づく省令の改正が行われ, 危険有害な作業を行う事業主は, 作業を請け負う一人親方や同じ場所で仕事を行う労働者以外の人に対する保護措置が義務づけられました（図表2）。2023年4月1日から施行されます。

　この改正に先立ち, 最高裁は, 建設アスベスト訴訟（神奈川）事件（最高裁第一小法廷令3.5.17判決, 労働判例1252号5頁）において, 石綿ばく露に関する国の安衛法上の規制権限不行使を理由とした国家賠償請求に対し, 労働者と共に一人親方等の委託業務従事者からの請求を認容しました。

　請求を認容した理由として, 同一の建設現場において, 一人親方等と労働者が混在しながら, 同種の石綿作業に従事しており, 石綿ばく露による健康障害の危険性は同一であった点を示し, 「労働者に該当しない者が, 労働者と同じ場所で働き, 健康障害を生ずるおそれのある物を取り扱う場

図表2　危険有害な作業を行う事業主に義務づけられた保護措置の内容

1　作業を請け負わせる一人親方等に対する措置の義務化

作業の一部を請け負わせる場合は，請負人（一人親方，下請業者）に対しても，**以下の措置の実施が義務付けられる。**

- 請負人だけが作業を行うときも，事業者が設置した局所排気装置等の**設備を稼働させる（または請負人に設備の使用を許可する）等の配慮を行うこと**
- 特定の作業方法で行うことが義務付けられている作業については，**請負人に対してもその作業方法を周知すること**
- 労働者に保護具を使用させる義務がある作業については，**請負人に対しても保護具を使用する必要がある旨を周知すること**

2　同じ作業場所にいる労働者以外の者に対する措置の義務化

同じ作業場所にいる労働者以外の人（一人親方や他社の労働者，資材搬入業者，警備員など，契約関係は問わない）に対しても，**以下の措置の実施が義務付けられる。**

- 労働者に保護具を使用させる義務がある作業場所については，**その場所にいる労働者以外の人に対しても保護具を使用する必要がある旨を周知すること**
- 労働者を立入禁止や喫煙・飲食禁止にする場所について，**その場所にいる労働者以外の人も立入禁止や喫煙・飲食禁止とすること**
- 作業に関する事故等が発生し労働者を退避させる必要があるときは，**同じ作業場所にいる労働者以外の人も退避させること**
- 化学物質の有害性等を労働者が見やすいように掲示する義務がある作業場所について，**その場所にいる労働者以外の人も見やすい箇所に掲示すること**

合に，安衛法57条が労働者に該当しない者を当然に保護の対象外としているとは解し難い」としています。

　今回の省令改正は，この最高裁判決を踏まえたものです。同改正にかかる行政通達（令4.4.15基発0415第1号「労働安全衛生規則等の一部を改正する省令の施行等について」）（DL5）は，同判決を引用のうえ，「労働者と同じ場所で働く労働者以外の一人親方等に対しても，労働者と同等の保護措置を図る」と共に，有害性の警告表示の内容の適正化を図る観点から，安衛則，有機則その他安全衛生関連規則（全11省令）の改正を行うものとしています。

　具体的には，安衛法22条等に根拠づけられた安全衛生法上の保護措置の実施が義務づけられる事業者に対し，一人親方等を対象とした以下の義務を課すこととしました。

① 健康障害防止のための設備等の稼働・使用・整備・設置等に関する配慮義務の新設

② 作業実施上の健康障害防止（作業方法，保護具使用等）に関する周知義務の新設

③ 特定の場所への立入禁止・退避等に関する周知義務の新設

④ 有害物の有害性等に関する掲示による周知等の対象拡大

⑤ 労働者以外の者による立入禁止の遵守義務の対象拡大　等

　厚労省は，同判決における安衛法22条の解釈として，その保護対象は労働者以外にも及ぶこととされたことから，現時点では，一人親方等にかかる保護措置は法改正を必要とするものではない，との見解を示しています。ただし，2022年5月から学識経験者による「個人事業者等に対する安全衛生対策のあり方に関する検討会」を立ち上げ，引き続き検討を進めており，今後のさらなる改正動向も注目されます。

3　育児休業取得状況の公表義務化 （2023年4月1日施行）

　改正育児・介護休業法 DL6 により，従業員1,000人超の企業は4月1日から，育児休業等の取得の状況を年1回，公表することが義務づけられます（**図表3**）。

　2023年4月1日以後に開始する事業年度からが対象となり，「公表を行う日の属する事業年度の直前の事業年度」における取得率を公表します。

　事業年度が4月1日〜3月31日の企業の場合，2022年4月1日〜2023年3月31日の取得状況を公表することになるため，2022年4月からの取得状況を把握する必要があります。

(1)　公表対象

　対象となるのは，常時雇用する労働者が1,000人を超える事業主です[1・2]。

※1　「1,000人を超える」とは，一時的に1,000人以下になることがあっても，常態として1,000人を超える労働者を雇用している場合を含みます。

※2　常時雇用する労働者数が1,000人以下の事業主であっても，その後，常時雇用する労働者数が1,000人を超えた場合にあっては，その時点から育児休業の取得の状況を公表する義務が課されます。

図表3　育児休業の取得の状況の公表

①育児休業等の取得割合

公表前事業年度（※1）においてその雇用する
男性労働者が**育児休業等**（**※2**）をしたものの数

公表前事業年度（※1）において，事業主が雇用する
男性労働者であって，配偶者が出産したものの数

または

②育児休業等と育児目的休暇の取得割合

公表前事業年度（※1）においてその雇用する男性労働者が**育児休業等**（**※2**）をしたものの数**及び**小学校就学の始期に達するまでの子を養育する男性労働者を雇用する事業主が講ずる**育児を目的とした休暇制度**（**※3**）を利用したものの数の**合計数**

公表前事業年度（※1）において，事業主が雇用する
男性労働者であって，配偶者が出産したものの数

※1　**公表前事業年度**：公表を行う日の属する事業年度の**直前の事業年度**

産後パパ育休（出生時育児休業）も含みます！

※2　**育児休業等**：育児・介護休業法第2条第1号に規定する**育児休業及び法第23条第2項**（所定労働時間の短縮の代替措置として3歳未満の子を育てる労働者対象）又は**第24条第1項**（小学校就学前の子を育てる労働者に関する努力義務）の**規定に基づく措置**として育児休業に関する制度に準ずる措置が講じられた場合の当該措置によりする休業

※3　**育児を目的とした休暇**：目的の中に育児を目的とするものであることが明らかにされている休暇制度。育児休業等及び子の看護休暇は除く。

　（例えば…）
　失効年休の育児目的での使用，いわゆる「配偶者出産休暇」制度，「育児参加奨励休暇」制度，
　子の入園式，卒園式等の行事や予防接種等の通院のための勤務時間中の外出を認める制度（法に基づく子の看護休暇を上回る範囲に限る）などが該当。

⑵　公表内容（①または②）

公表が求められる数値は，①または②です。

①男性の育児休業等の取得率[※3]

②育児休業等と育児目的休暇の取得率[※4]

※3　その雇用する男性労働者であって公表前事業年度において配偶者が出産した者の数に対する，その雇用する男性労働者であって公表前事業年度において育児休業等をした者の数の割合。

※4　その雇用する男性労働者であって公表前事業年度において配偶者が出産した者の数に対する，その雇用する男性労働者であって公表前事業年度において育児休業等をした者の数および小学校就学の始期に達するまでの子を養育する男性労働者を雇用する事業主が講ずる育児を目的とした休暇制度（育児休業等および子の看護休暇を除く）を利用した者の数の割合。

⑶　公表の方法

　インターネットの利用その他の適切な方法によって公表するものとされています。

4　時間外割増率の中小企業に対する適用猶予の廃止（2023年4月1日施行）

　大企業については，2010年4月1日から月60時間を超える時間外労働の

割増賃金率が通常の２割５分から引き上げられ，「５割」以上とされてきましたが，労働者数100人以下のサービス業などの中小企業については，長らく同割増率の引き上げが適用猶予されてきました。この中小企業への適用猶予が，2018年７月６日公布の改正労基法により，2023年４月１日からは廃止されることとなり，同日以降はすべての企業が月60時間超の割増賃金率を「５割」以上とすることが義務づけられます（**図表４**）。

図表４　中小企業の時間外割増率の引上げ

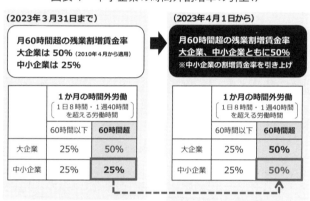

➤2023年４月１日から労働させた時間について、割増賃金の引上げの対象となる。

5　被用者保険の適用対象拡大
（2022年10月１日施行，2024年10月１日施行）

　2020年６月５日に公布された「年金制度の機能強化のための国民年金法等の一部を改正する法律」（年金制度改正法）には，多様な就労を年金制度に反映するため，社会保険の適用対象者拡大が盛り込まれています。

　短時間労働者適用の企業規模要件を改正前の従業員数500人超から段階的に引き下げるもので，2022年10月の100人超規模への拡大に続き，2024年10月には50人超規模へと対象が拡大されます（**図表５**）。

　一方，短時間労働者の社会保険適用基準について，賃金要件（月額8.8万円以上），労働時間要件（週労働時間20時間以上），学生除外要件は変更

されていませんが，勤務期間要件（１年以上）が撤廃され，２カ月超の要件が適用されています。

　なお厚労省Q&A（「年金制度の機能強化のための国民年金法等の一部を改正する法律の施行（令和４年10月施行分）に伴う事務の取扱いに関するQ&A集」）では，２カ月以内の雇用契約の締結が，数日の間を空けて繰り返し行われるような脱法的行為に対し，次の見解を示しており，注目されます。

　「雇用契約が数日の間を空けて再度締結される場合でも，事業主と被保険者との間で次の契約更新の予定が明らかであるような事実が認められるなど，就労の実態に照らして事実上の使用関係が中断することなく存続していると判断できるときには，最初の雇用契約の期間から被保険者資格を取得する」

図表５　社会保険の適用拡大のイメージ

6　障害者雇用促進法の改正（2024年４月１日施行）

　2023年１月18日の労政審において，2023年度からの障害者法定雇用率が

段階的に引き上げられることが決定しました。2023年度は現行の2.3％で据え置く一方，2024年度から2.5％，さらに2026年度から2.7％に設定し，併せて除外率の見直しも2025年4月から行われる予定です。

　また，先の第210回国会で，「障害者の日常生活及び社会生活を総合的に支援するための法律等の一部を改正する法律」が成立し，そのなかで以下のとおり，障害者雇用促進法が改正されました。施行日は2024年4月1日ですが，概要を紹介します。

① **雇用義務の対象外である週所定労働時間10時間以上20時間未満の重度身体障害者，重度知的障害者および精神障害者に対し，就労機会の拡大のため，実雇用率において算定できるようにする。**

　改正前は，障害者の職業的自立を促進するという法の趣旨から，実雇用率の算定対象となるのは，週所定労働時間が20時間以上の労働者と定められていました。

　他方で，障害特性で長時間の勤務が難しいこと等により，週所定労働時間20時間未満での雇用を希望する者は，いずれの障害種別でも一定数存在し，特に精神障害者で多いこと等を踏まえ，週20時間未満の労働時間であれば働くことができる者の雇用機会の拡大を図ることが必要との指摘から本改正がなされたものです。

　法改正により，2024年4月1日以降，週所定労働時間が特に短い（大臣告示で10時間以上20時間未満と規定）精神障害者，重度身体障害者および重度知的障害者について，特例的な取扱いとして，事業主が雇用した場合に，雇用率において算定対象となります（**図表6，7**）。

図表6　障害者法定雇用率の引上げと除外率の引下げ

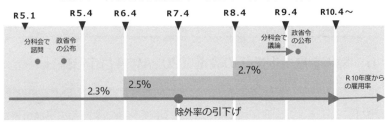

図表7　障害者実雇用率の算定方法（太枠が改正の内容）

週所定 労働時間	30H以上	20H以上 30H未満	10H以上 20H未満
身体障害者	1	0.5	―
重度	2	1	0.5
知的障害者	1	0.5	―
重度	2	1	0.5
精神障害者	1	0.5※	0.5

※一定の要件を満たす場合は，0.5ではなく1とカウントする措置が，2022年度末までとされているが，省令改正を行い延長予定。

　併せて，これにより，週所定労働時間20時間以上の雇用が困難な者に対する就労機会の拡大を直接図ることが可能となることから，特例給付金※は廃止される予定です。

※　週所定労働時間10時間以上20時間未満の障害者を雇用する事業主に対し，雇用障害者数に応じ，月7,000円／人（100人以下の場合は，月5,000円／人）を支給するもの

〈新たに対象となる障害者の範囲〉
週所定労働時間が特に短い（大臣告示で週10時間以上20時間未満と規定予定）精神障害者，重度身体障害者，重度知的障害者
〈カウント数〉
1人をもって0.5人と算定する（省令で規定）

②　障害者の雇用者数で評価する障害者雇用調整金等における支給方法を見直し，企業が実施する職場定着等の取組みに対する助成措置を強化する。

　従来，すべての事業主は，社会連帯の理念に基づき，障害者に雇用の場を提供する共同の責務を有しているとの理念の下，障害者の雇用に伴う経済的負担を調整すると共に，障害者を雇用する事業主に対する助成を行うため，事業主の共同拠出による納付金制度が整備されてきました。

　しかしながら，近時では，障害者の実雇用率が上昇し，事業主の取組みの進展（実雇用率上昇）に伴い，雇用する障害者の数で評価する調整金や報奨金が納付金制度からの支出の大半を占め，雇用の質の向上のための支

援を行う助成金の支出が限られている，という課題が指摘されるようになりました。そこで，限られた財源を効果的に運用し，障害者雇用の質の向上に向け，事業主による障害者の職場定着等の取組みに対する支援を充実させることとされました。

まず，2024年4月1日以降，事業主が一定数を超えて障害者を雇用する場合，当該超過人数分の調整金や報奨金の支給額を調整します。調整金は10人，報奨金は35人との基準を策定する予定です（対象数や調整金等の単価詳細については，今後策定される政省令で定められるもの）。

また，事業主の取組支援のため，助成金を新設する予定です。これは，雇入れや雇用継続を図るために必要な一連の雇用管理に関する相談援助の支援，加齢に伴い職場への適応が困難となった障害者への雇用継続の支援に使われることが想定されています。

7 今後の法制化の動き

(1) フリーランス新法の検討

政府は2022年9月13日，「フリーランスに係る取引適正化のための法制度の方向性」（以下，法案）をまとめ，パブリックコメントを募集，10月12日に結果を公示しています。

同法案（**図表8**）では，まず方向性として，「フリーランスの取引を適正化し，個人がフリーランスとして安定的に働くことのできる環境を整備する」こととしたうえで，「他人を使用する事業者が，フリーランス（業務委託の相手方である事業者で，他人を使用していない者）に業務を委託する際の遵守事項等を定める」こととします。

事業者の遵守事項としては，以下のとおりです。まず，業務委託の開始・終了に関する義務として，「業務委託の際の書面の交付」を要することとし，書面での明示内容として，業務委託の内容，報酬額等の交付義務を明らかにします。また，フリーランスと事業者が一定期間以上の間，継続的

図表8　フリーランス新法（案）のポイント（抜粋）

フリーランスに業務委託を行う事業者の遵守事項
①業務委託の開始・終了に関する義務
・　業務委託の際の書面の交付等
・　契約の中途解約・不更新の際の事前予告
②業務委託の募集に関する義務
・　募集の際の的確表示
・　募集に応じた者への条件明示，募集内容と契約内容が異なる場合の説明義務
③報酬の支払いに関する義務
・　役務等の提供を受けた日から60日以内の支払義務
④フリーランスと取引を行う事業者の禁止行為
・　フリーランスの責めに帰すべき理由のない受領拒否，報酬減額，返品　等
⑤就業環境の整備として事業者が取り組むべき事項
・　ハラスメント対策，出産・育児・介護との両立への配慮

に業務委託を行う場合には，加えて「業務委託に係る契約の期間，契約の終了事由，契約の中途解除の際の費用等」の明示を求めています。さらに，契約の中途解約・不更新の際の事前予告（30日前）と共に，フリーランスから求めがあった場合には，事業者は契約の終了理由を明らかにすることを義務づけるよう提案されています。

　そのほか，業務委託の募集に関する義務として，「募集の際の的確表示」「募集に応じた者への条件明示，募集内容と契約内容が異なる場合の説明義務」，そして「報酬の支払い（役務提供を受けた日から60日以内の報酬支払い）に関する義務」を定めることとされました。さらには，フリーランスと取引を行う事業者の禁止行為として，「フリーランスの責めに帰すべき理由がなく受領を拒否する」等の行為は許されないとします。また，就業環境の整備として，ハラスメント対策，出産・育児・介護との両立への配慮などがあげられました。

　そして，行政指導権限として，事業者に遵守事項違反等が認められた場合，行政上の措置として助言，指導，勧告，公表，命令を行うなど，必要な範囲で履行確保措置を設けるとします。また，同違反の疑いがあれば，フリーランスは国の行政機関への申告ができることを明確化し，さらに申告を理由とした不利益取扱いの禁止，国による相談対応の強化などが示さ

れています。

　上記立法案は取引の適正化を主たる目的とした提言であり，同立法自体も下請法の適用拡大を念頭に置いたものになるものと思われます。

(2)　解雇の金銭的解決制度の動向

　厚労省は，2022年4月12日に「解雇無効時の金銭救済制度に係る法技術的論点に関する検討会報告書」（以下，報告書）を公表しました。現在，労政審において議論が進められています。

　まず報告書は次のとおり，検討に際しての基本的な考え方を示しています。

・解雇された労働者の救済の実効性を高める観点から，労働者の選択肢を増やす方向（労働者申立制度）であり，解雇が無効と判断されることを前提に（いわゆる「事後型」），労働者の選択により権利行使が可能となること

・本制度が導入された場合に有効に機能していくためには，制度を選択する労働者がどのようなメリットがあるかを理解したうえで判断できるようにすることが不可欠であるため，労働者にとって紛争解決に向けた予見可能性が高まるようになること

・迅速な紛争解決の観点から，1回的解決（裁判上の争いになった場合に基本的に1回の裁判で解決すること）が可能となること

　以上のとおり，今回，検討されている解雇の金銭解決制度は労働者の申立てのみを想定しており，使用者側からの申立制度は検討対象とされていない点に留意が必要です。あくまで解雇無効時における，労働者の選択肢を増やすことを目的とした制度提案となります（**図表9**）。

　また，検討対象とされたのは，いわゆる「事後型」制度であり，解雇が無効であるという事実が存在することを前提として金銭救済を求める場合を指し，解雇無効か否か判然としないなか，一定の金銭支払いをもって解雇終了が確定する，いわゆる「事前型」金銭解決制度は検討対象としていません。

　さらに，報告書では，解雇の金銭解決制度として「無効な解雇がなされ

図表9　解雇の金銭的解決制度の選択肢案

制度の骨格：「無効な解雇がなされた場合に，労働者の請求によって使用者が労働契約解消金を支払い，当該支払によって労働契約が終了する仕組み」

■選択肢①：
要件を満たした場合に労働者に金銭救済請求権が発生し，それを行使した効果として，①労働者から使用者に対する労働契約解消金債権が発生し，②使用者が労働契約解消金を支払った場合に労働契約が終了する

■選択肢②：
労働者の請求を認容する判決が確定した場合，上記①②の効果が発生する。労働審判によって同様の効果を生じさせることも可能

た場合に，労働者の請求によって使用者が一定の金銭（以下，労働契約解消金）を支払い，当該支払いによって労働契約が終了する仕組み」に関する検討がなされました。これまで裁判上認容されてきた「雇用終了までのバックペイ（賃金遡及払い）」「退職手当等」は同解消金とは別債権としての性格を有するとし，同制度導入後も別途請求可能とする点にも留意を要します。

(3)　無期転換ルール見直しの動向

　厚労省労政審は，2020年12月27日付けの分科会報告書において無期転換ルール改正の提言をまとめ，「本報告を踏まえ，所要の措置を講ずることが適当」としました。これを受け，厚労省は省令・告示案の策定作業を進めており，本年3月上旬までに告示し，2024年4月1日から施行する予定です。

　同報告書では，労働契約法制につき，無期転換ルール，労働契約関係の明確性および労使コミュニケーションの3点を示し，法改正・運用見直し等にかかる提言を行っていますが，無期転換ルール改正については，以下の施策が講じられる予定です。

　まず同分科会報告書は，2013年4月1日から施行されている無期転換ルールが「有期契約労働者の雇用の安定に一定の効果が見られる」との一

定の評価を行いつつ，「制度が適切に活用されるよう必要な取組を更に進めることが適当」とします。

たしかに，厚労省調査（「有期労働契約に関する実態調査（個人）」2021年1月時点）では，有期契約労働者のうち無期転換ルールに関し内容を知っている労働者が約4割等にとどまり，認知状況はいまだ十分ではありません。同報告書は，「無期転換ルールの趣旨や内容，活用事例について，一層の周知徹底に取り組むこと」を厚労省に強く求めると共に，労基法施行規則の改正を行い，使用者に対して以下の事項の書面明示等を義務づけることを提言しています。

○　無期転換申込権が発生する契約更新時に，無期転換申込機会と無期転換後の労働条件について，労働基準法の労働条件明示の明示事項に追加することが適当である。

同義務化に向けた議論は，すでに2022年3月30日に示された厚労省の有識者研究会による「多様化する労働契約のルールに関する検討会」報告書（以下，有識者報告書）において示されていましたが，その趣旨等として「個々の労働者が自社の無期転換制度を理解した上で無期転換申込権を行使するか否かを主体的に判断しやすくするとともに，紛争の未然防止を図るため」とするものです。

労基法15条に基づく明示事項を追加する改正省令等となりますが，具体的な通知内容としては，「無期転換申込機会」に加えて「無期転換後の労働条件」が示されています（**図表10**）。まず「無期転換申込機会」については，モデル労働条件通知書で以下の明示例が示されています。

○　労働契約法第18条の規定により，有期労働契約（2013年4月1日以降に開始するもの）の契約期間が通算5年を超える場合には，労働契約の期間の末日までに労働者から申込みをすることにより，当該労働契約の期間の末日の翌日から期間の定めのない労働契約に転換されます。ただし，有期雇用特別措置法による特例の対象となる場合は，この「5年」という期間は，本通知書の「契約期間」欄に明示したとおりとなります。

次に「無期転換後の労働条件」として明示すべき事項につき，有識者報告書は「労基法15条1項の労働条件明示対象（ただし，無期労働契約になることに伴い不要となる事項を除く）の事項とするのが適当」とします。

図表10　無期転換ルールおよび労働契約関係の明確化に関する改正省令のポイント
　　　　（抜粋）

○　**労基法15条1項に基づく労働条件明示事項の追加**
➡通算契約期間または有期労働契約の更新回数の上限ならびに就業場所・業務の変更の範囲
○　**無期転換申込権が発生する契約更新時における労基法15条に基づく労働条件明示事項の追加**
➡無期転換申込機会と無期転換後の労働条件

　また，新たに「就業場所・業務の変更の範囲」も，通知の対象に含めるべきとされています。ただし，無期転換申込権が発生する契約更新時点では無期転換後の具体的な就業場所や従事すべき業務等を特定できない場合には，「無期転換後の就業の場所や従事すべき業務等として想定される内容を包括的に示すこととして差し支えない」とします。

　さらに通知時期については「無期転換申込権が発生する契約更新ごとのタイミング」が適当としました（契約更新の際に行う労働条件明示の中で併せて通知を行うことを許容）。なお，労働契約法4条が定める「労働契約の内容の理解の促進」の趣旨を踏まえると，「無期転換申込権が初めて発生するより前のタイミング」で「使用者から無期転換制度の説明を行うことが望ましい旨，周知することが考えられる」と付言しています。

　「無期転換後の労働条件」にかかる明示事項の詳細については，今後策定される施行規則・通達等で示される予定です。

(4)　多様な正社員に対する「就業の場所および従事すべき業務の変更の範囲」等の明確化

　前記報告書は，いわゆるジョブ型正社員など，多様な正社員の労働契約関係の明確化についても，提言がなされています。特に注目すべきは，「就業の場所および従事すべき業務の変更の範囲」に関する労働条件の明確化に向けた提言です（**図表11**）。

　労基法15条においても，「就業の場所及び従事すべき業務」は労働契約締結時に書面等で明示すべき労働条件とされていますが，行政通達上（平

11.1.29基発45号），明示対象となるのは「雇入れ直後の就業の場所及び従事すべき業務」であり，将来の変更の範囲は明示義務対象とされていませんでした。

　また，労基法15条の明示義務は，労働契約締結に際し求められるものであり，労働契約（労働条件）の変更を行う際は，法令上，明示義務の対象となりません。

　これに対し，多様な正社員の労務管理に際しては勤務地・業務等の限定内容が曖昧となり，労使トラブルが少なからず生じていることから，提言が行われたものです。

　まず，多様な正社員を含むすべての労働者を対象に，労基法15条1項による労働条件明示事項として，新たに「就業の場所・従事すべき業務の変更の範囲を追加することが適当」とします。

　この「変更の範囲」については，「就業場所・従事すべき業務が限定されている場合にはその具体的な意味を示すことになり，また，就業の場所・従事すべき業務の変更が予定されている場合にはその旨を示す」ことを求めています。

　「例えば，東京23区内に限定されている場合は『勤務地の変更の範囲：東京23区内』と示されることが想定され，また，勤務地に限定がない場合は『勤務地の変更の範囲：会社の定める事業所』と示されることが想定される」（報告書の脚注62）

　また，「労働基準法15条に基づく書面明示については，労働条件の変更時も明示すべき時期に加えることが適当」としています。そして，「個別契約によって変更する場合」を，新たな明示義務の対象とすべきとします。

　次に，「変更時」の意味としては，少なくとも「就業の場所・従事すべき業務の変更の範囲」を変更する際には明示することを想定しているようです。

「例えば，就業場所の変更の範囲を東京23区内と明示していたところ，その変更の範囲に神奈川県も追加されることとなる場合には，その旨も明示すべきこととなると考えられる」（報告書脚注75）

図表11　多様な正社員の労働条件明示に関する改正省令のポイント（抜粋）

労働条件明示事項：「就業の場所・従事すべき業務の変更の範囲」を追加
- ➡ 「場所」「業務」が限定されている場合はその具体的な意味を明示
- ➡ 「場所」「業務」の変更が予定されている場合はその旨を明示

労働条件の明示時期：「労働条件の変更時」を追加
- ➡ 「就業の場所・従事すべき業務の変更の範囲」の変更時にはその内容を明示

(5)　専門・企画業務型裁量労働制の改正動向

　厚労省労政審労働条件分科会は，裁量労働制の改正にかかる審議を進め，2022年12月27日に「今後の労働時間法制及び労働時間法制の在り方について」（以下，分科会報告書）において，労働時間法制改正にかかる提言を示しました。

　同分科会報告書を受け，厚労省は法改正によらず，施行規則等の改正をもって必要な措置を講じることとしており，すでにパブリックコメントに示された案（「労働基準法施行規則及び労働時間等の設定の改善に関する特別措置法施行規則の一部を改正する省令案（概要）」）では，専門型・企画業務型裁量労働につき，「労働者が理解・納得した上での制度の適用と裁量の確保（以下①，②）」「労使コミュニケーションの促進等を通じた適正な制度運用の確保（以下③，④）」の観点から，以下の改正省令案が示されました（**図表12**）。

　なお，同省令案の告示は2023年3月上旬，施行時期は2024年4月1日を予定するものです。

① 　本人同意・同意の撤回

・専門型について，本人同意を得ることや，同意をしなかった場合に不利益取扱いをしないことを協定事項に追加することとする。

・専門型及び企画型について，同意の撤回の手続を協定事項及び決議事項に追加することとする。

② 　対象労働者の要件

・企画型について，対象労働者に適用される賃金・評価制度を変更する場合に，使用者が労使委員会に変更内容について説明を行うことを決議事項に追加することとする。

③　労使委員会の導入促進と労使協議の実効性向上

・企画型について，使用者が労使委員会に対象労働者に適用される賃金・評価制度の内容について説明することに関する事項を労使委員会の運営規程に定めることとする。

・企画型について，労使委員会が制度の実施状況の把握及び運用の改善等を行うことに関する事項を労使委員会の運営規程に定めることとする。

・労使委員会の開催頻度を６か月以内ごとに１回とすることを労使委員会の運営規程に定めることとするとともに，労働者側委員の選出手続の適正化を図ること等とする。

④　行政の関与・記録の保存

・６か月以内ごとに行うこととされている企画型の定期報告の頻度を初回は６か月以内に１回及びその後１年以内ごとに１回とすることとする。

・専門型・企画型ともに，健康・福祉確保措置の実施状況等に関する書類を労働者ごとに作成し，保存することとする。

　また，厚労省は前記省令改正と共に，裁量労働制にかかる指針・告示改正を行う予定であるところ，新たに専門業務型裁量労働制の対象業務として，次の追加業務案が示されています（**図表13**）。

○　銀行又は証券会社において，顧客に対し，合併，買収等に関する考案及び助言をする業務について，専門型の対象とすることとする。

　また，「現行の対象業務に明確化を行うことが適当」とされており，新たに指針等が示される予定です。

　以上の改正が，主に省令・指針・告示等の見直しをもって行われるものです。なお，今後の労働時間法制につき，働き方改革関連法によって，時間外労働上限規制，高度プロフェッショナル制，年休５日付与義務が施行され，すでに５年超経過したことから，分科会報告書は今後の課題として，「施行状況等を把握した上で，検討を行うことが必要」としており，本年

図表12 裁量労働制に関する改正省令のポイント（抜粋）

（対象労働者の要件）
○ 企画型：評価制度・賃金制度を変更する場合に，労使委員会に変更内容を説明することを決議事項に追加

（本人同意・同意の撤回）
○ 専門型：本人同意を得ること，同意をしなかった場合に不利益取扱いをしないことを協定事項に追加
○ 専門型・企画型：同意の撤回の手続きを協定事項・決議事項に追加

（労使委員会の実効性向上）
○ 必要事項に関する運営規程の整備
○ 労働者代表委員の事務遂行に関する必要な配慮

（行政の関与・記録の保存等）
○ 企画型の定期報告の頻度：初回は6カ月以内に1回，その後は1年以内ごとに1回
○ 専門型・企画型の健康・福祉確保措置の実施状況等に関する記録の作成・保存　など

図表13 裁量労働制に関する改正告示のポイント（抜粋）

専門業務型の対象業務に追加
➡銀行または証券会社における顧客の合併・買収に関する調査または分析，およびこれに基づく合併・買収に関する考案・助言の業務

度以降の議論動向も注目されます。

プロフィール---

北岡大介（きたおか・だいすけ）　特定社会保険労務士。1995年金沢大学法学部卒業，同年労働基準監督官任官，2000年労働省退官。同年北海道大学大学院法学研究科入学，2005年同大学大学院法学研究科博士課程単位取得退学。大手サービス業労務担当等を経て，2009年北岡社会保険労務士事務所を独立開業。2022年4月から東洋大学法学部企業法学科准教授。著書に『同一労働同一賃金はやわかり』（日本経済新聞出版社）など多数。

2 **2022年の注目裁判例**

2022年も，多くの労働分野の裁判で判決が出されました。この中から，人事担当者が覚えておきたい裁判例について，渡邊岳弁護士に整理しつつピックアップいただきました。下表は，事件名とその争点，注目点を編集部が抜粋したものです。

表　2022年注目裁判例

区分	事件名	職種等	分類	注目点（抜粋）
賃金	マーベラス事件（東京地裁令4.2.28判決，労働判例1267号5頁）	正社員	降格に基づく賃金減額の範囲	降給の根拠規定があり，都度の評価にも問題はなく1回の降給も10%以内の額に抑えられているとしても，連続する降給の場合には，当初の給与水準から10%の範囲内にとどめられるべきとした。
賃金	宮城県（県教委）事件（仙台高裁令4.5.26判決，判例集未登載）	高校教諭	懲戒免職に伴う退職手当の減額の制限	民間企業の一般労働者よりは清廉性が求められるといわれることの多い公立学校の教員が，勤務先の学校名を含めてマスコミ報道された事案で，退職手当の3割支給が命じられた。
労働時間	システムメンテナンス事件（札幌高裁令4.2.25判決，労働判例1267号36頁）	メンテナンス等の業務	労働時間該当性	事務所で待機していない時間帯には，遠方に出かけることや飲酒は禁止されていたが，それ以上に行動の制約はない呼出待機の状態であり，1回の当番時間帯に入電する割合が約33%であることも考慮すると，呼出待機時間を労働時間にあたると認めることはできない，とした。
労働時間	社会福祉法人セヴァ福祉会事件（京都地裁令4.5.11判決，労働判例1268号22頁）	保育士	1カ月単位の変形労働時間制の適用の可否	シフト表が，時間外労働を盛り込んだ内容となっているケースで，週平均労働時間が常時40時間を超過するものとなっているため，1カ月変形労働時間制とは認められず，原則的な労働時間規制（1週40時間かつ1日8時間）に服することになるとした。
人事	巴機械サービス事件（東京高裁令4.3.9判決，労働判例1275号91頁）	一般職として採用された女性	コース別人事制度の運用	コース別人事制度は，男女差別ではないが，コース転換の機会を実質的に与えてこなかったことは，不法行為を構成するとした。

表　2022年注目裁判例（つづき）

区分	事件名	職種等	分類	注目点（抜粋）
人事	ビジネスパートナー従業員事件（東京地裁令4.3.9判決，労働判例1272号66頁）	正社員	人事異動拒否者の賃金返還	①総合職の正社員が会社の命じる転勤を拒んだ場合は，翌月1日から地域限定総合職に変更し，かつ，半年遡って地域限定総合職との給与差額を返還すべき旨が定められている規定は，賃金全額払いの原則の趣旨に反するとまでは言えない，②この規定を含む人事制度は，ライフステージに合わせて職群を選択できるなど，従業員にとってもメリットがあると言え，返還をめぐる仕組みを鑑みると，労働者に過度の負担を強いるものとも言えず，合理的な内容と言うべきであるとした。
懲戒処分	学校法人A大学事件（東京地裁令4.1.20判決，労働経済判例速報2480号3頁）	教授	「一事不再理の原則」への抵触	懲戒処分（降格，解雇）の対象となった2つの行為は，同じ機会における一連の出来事と言えるものの，事実としては別異のものであるから，解雇が外形上は一事不再理に違反するものでないことは明らかであるうえ，実質的にも，降格処分は，2つ目の行為（胸への接触）を対象としてなされたと言うことはできないとして，懲戒解雇が一事不再理に反するものであるとは認められないとした。
	氷見市事件（最高裁第三小法廷令4.6.14判決，労働経済判例速報2496号3頁）	消防職員	懲戒処分の量定	事情を知る者へ圧力をかける働きかけに対し，最高裁が，原審判断を覆し，懲戒処分の適性を害する非難の程度の強い行為であると判示した。
労働安全・災害補償	アムールほか事件（東京地裁令4.5.25判決，労働判例1269号15頁）	女性	労働者以外の関係での安全配慮義務	雇用契約関係ではなく準委任契約関係における一連の行為が，セクハラおよびパワハラにあたるとした。
	学校法人茶屋四郎次郎記念学園（東京福祉大学・授業担当）事件（東京地裁令4.4.7判決，労働判例1275号71頁）	教授	ハラスメント等の内部調査のあり方	社内調査機関の調査そのものの適否ではなく，申告者に対する調査結果の伝達の遅延について，会社の債務不履行を認めた。
解雇・雇止め	アンドモワ事件（東京地裁令3.12.21判決，労働判例1266号74頁）	無期契約社員	コロナ禍での整理解雇	解雇予告通知書を送付する直前に「近日中に重要な書類が届くので確認しなさい」という趣旨のことを電話で伝えただけで，整理解雇の必要性や，その時期・規模・方法等についてまったく説明をしなかったことについては，手続きの妥当性を著しく欠くとし，本件解雇は，解雇権を濫用したものであり，無効であるとした。

表　2022年注目裁判例（つづき）

区分	事件名	職種等	分類	注目点（抜粋）
解雇・雇止め	国立大学法人東北大学（雇止め）事件（仙台地裁令4.6.27判決，労働判例1270号14頁）	有期雇用事務補佐員	無期転換権発生直前の更新限度特約に基づく雇止めに関	2014年度以降，更新上限が記載された労働条件通知書（兼同意書）に署名していたこと，2018年3月が更新上限であることの明確な説明を受けていたこと，本件上限条項の上限を超える雇用継続の期待をもたせる使用者の言動があったとも言えないことなどから，雇止めの時点において，契約更新を期待する合理的理由があったと言うことはできないとした。
退職	医療法人A病院事件（札幌高裁令4.3.8判決，労働判例1268号39頁）	臨床検査技師	口頭での退職の意思表示の効力	就業規則上，労働者の退職については，書面による申出が予定されているとしながら，労使間の個別合意は就業規則に優先するとし，事務部長との面談時の退職する旨の発言は，それまでの経過やその後のやり取り，2日後の来院時の行動などにも照らせば，確定的な退職の意思に基づいてされた，労働契約の合意解約の申込みの意思表示であると認めるのが相当であるとした。
	シャープNECディスプレイソリューションズ事件（横浜地裁令3.12.23判決，労働経済判例速報2483号3頁）	総合職社員	休職期間満了による退職扱いとしたことの是非	傷病休職は，あくまで療養のためのものであり，無届け残業を繰り返すなどの特性に対するものではないとし，産業医が復職可と診断した以降は復職させるべきだったとした。
非正規雇用	名古屋自動車学校（再雇用）事件（名古屋高裁令4.3.25判決，判例集未登載）	定年後有期契約雇用	正規雇用者との不合理な労働条件の相違	定年後再雇用者の基本給が定年退職時の60%を下回れば不合理と認められる，との一審判断について，結果的には，理由づけも含めてほぼ追認した。
	竹中工務店ほか2社事件（大阪地裁令4.3.30判決，労働判例1274号5頁）	派遣社員	雇用契約の成立を主張	職安法44条に違反した違法派遣にはなるが，労働者派遣法40条の6の申込みみなしの対象にはあたらないとした。

資料出所：「2022年に出された裁判例の実務ポイント」渡邊岳（『労務事情』2023年1月1日・15日合併号）を基に編集部が抜粋作成。

変わる職場，変わるマネジメント

法律が変わり，IT が発達し，新型コロナウイルス感染症への対応方針が変わり，働く人の意識も変わった。目に見える形で，あるいは目に見えない形で，職場は変わりつつあり，それを意識して，職場の運営・管理をする必要が出てきている。今年，特に職場で変化が現れそうなテーマをピックアップした。

確認しよう！ 2022年10月以降施行された 改正育児・介護休業法と関連社会保険制度

社会保険労務士法人ヒューマンテック経営研究所社員（役員）　特定社会保険労務士
栗山　勉

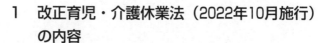

1　改正育児・介護休業法（2022年10月施行）
　　の内容
2　社会保険料免除，雇用保険育児休業給付に
　　関する変更

　改正育児・介護休業法が段階的に施行されています。2022年10月の改正法施行によって，男性の育児休業が取得しやすくなりました。今後，実際に取得したいという社員が出てくることが予想されます。育介法は，関連する規則や指針等多岐にわたり，かつ膨大な条文数に及ぶことから，骨子をきちんと理解しておくことが重要です。2022年10月以降，何が変わったのでしょうか。

Point

- ● 2022年10月から，男性労働者の取得を想定した出生時育児休業（通常の１歳までの育児休業とは別に，子の出生後８週以内に４週間（28日）休業取得できる）という休業制度が創設された。
- ● 2022年10月から，１歳までの育児休業の分割取得（２回）が可能となった。
- ● 同月内に育児休業取得開始日と終了日の翌日がある場合，これまでは社会保険料の免除対象外とされていたが，2022年10月から，14日以上の育児休業等を取得した場合は社会保険料が免除されるようになった。

1　改正育児・介護休業法（2022年10月施行）の内容

　2022年10月１日に施行された改正育児・介護休業法の内容について，下の**表1**に改正事項をあげましたのでご確認ください。特に「出生時育児休業の創設」や「育児休業の分割取得が可能となる見直し」については，2022年４月の改正事項（育児休業の個別周知・取得意向の確認措置の義務化等）に続き，これまで低い取得率にあった男性の育児休業の取得を促進する内容となっているのが特徴です。

　それでは，2022年10月の改正事項について，確認していきましょう。

表1　2022（令和４）年10月の改正事項

１．出生時育児休業の創設
２．育児休業制度に関する見直し 　⑴　育児休業の分割取得を可能とする見直し 　⑵　育児休業の申出の撤回ルールの見直し 　⑶　１歳到達日後の育児休業の見直し

(1)　出生時育児休業の創設

　出生時育児休業とは，子の出生後8週間以内の期間に4週間（28日）以内の休業を取得することができる制度をいいます。子の出生後8週間は女性が産後休業を取得している時期のため，主に男性労働者が取得する休業ということができます（「産後パパ育休」という通称で呼ばれています）。

　制度の概要は次のとおりです。

①　対象労働者

　出生時育児休業は，原則として日々雇用される者を除くすべての労働者が対象ですが，有期雇用労働者については，申出時点において「子の出生の日（出産予定日前に出生した場合は出産予定日）から起算して8週間を経過する日の翌日から6カ月を経過する日までに労働契約が満了することが明らかでない者」に限定されています。また，労使協定を締結した場合には，次の労働者を対象外とすることができます。

> ・引き続き雇用された期間が1年未満の者
> ・申出日から起算して8週間以内に雇用関係が終了することが明らかな者
> ・週の所定労働日数が2日以下の者

②　対象期間および取得可能期間（日数）

　対象となる期間は，原則として子の出生後8週間以内の期間です。この対象の期間のうち，4週間以内（28日）で休業を取得できます。

③　取得回数

　出生時育児休業は，対象の期間内に28日を限度として2回まで分割して取得することが可能です。ただし，分割取得をする場合は最初の出生時育児休業の取得を申し出る際に2回分をまとめて申し出る必要があります。なお，1回目の申出後に2回目の申出があった場合，事業主は2回目の申

出を拒むことができます。

④　**申出期限**

　出生時育児休業の申出は，原則として休業を開始しようとする日の2週間前までに行う必要がありますが，労使協定を締結し，次に掲げる措置を講じた場合には，2週間超から1カ月以内の期間を申出期限とすることが可能です。

（イ）　次に掲げる措置のうち，2つ以上の措置を講ずること
　　ａ）自社の労働者に対する育児休業・出生時育児休業に関する研修の実施
　　ｂ）育児休業・出生時育児休業に関する相談体制の整備（相談窓口設置）
　　ｃ）自社の労働者の育児休業・出生時育児休業取得事例の収集および該当事例の提供
　　ｄ）自社の労働者への育児休業・出生時育児休業制度と育児休業取得促進に関する方針の周知
　　ｅ）育児休業の申出をした労働者の育児休業・出生時育児休業の取得が円滑に行われるようにするための業務の配分または人員の配置にかかる必要な措置
（ロ）　育児休業・出生時育児休業の取得に関する定量的な目標を設定し，育児休業・出生時育児休業の取得の促進に関する方針を周知すること
（ハ）　育児休業の申出にかかる当該労働者の意向を確認するための措置を講じたうえで，その意向を把握するための取組みを行うこと

---

⑤　**出生時育児休業の開始予定日・終了予定日の変更**

　出産予定日よりも早く出生した場合や配偶者の死亡等の特別な事情がある場合は，出生時育児休業の開始予定日を1回の休業につき1回に限り繰上げ変更をすることが可能です。この場合，希望どおりの日に繰上げ変更

するには，変更後の休業開始日の１週間前までに変更を申し出る必要があります。

　また，１回の休業につき出生時育児休業の終了予定日を１回に限り繰下げ変更をすることができます。終了予定日の繰下げを希望するには，当初の終了予定日の２週間前までに変更を申し出る必要があります。

⑥　申出の撤回

　出生時育児休業の開始日の前日までは休業の申出を撤回することができます。なお，撤回した申出の休業については取得したものとみなされるため，再度の申出はできませんが，２回分の出生時育児休業を申し出ていた場合には，２回目の取得をすることが可能です。

⑦　出生時育児休業期間中の就業

　「育児休業」の取得期間中は，臨時・一時期的なものを除き就業することはできませんが，出生時育児休業については，労使協定を締結した場合には一定の範囲内で就業させることが可能です。就業可能な一定の範囲および就業を可能とする場合の手続きの流れは次のとおりです。

＜就業可能な一定の範囲＞
・就業日の合計日数が，出生時育児休業期間の所定労働日数の２分の１以下（１日未満の端数切捨て）
・就業日の労働時間の合計が，出生時育児休業期間における所定労働時間の合計の２分の１以下
・開始予定日または終了予定日を就業日とする場合，労働時間がその日の所定労働時間に満たない時間

＜就業を可能とする場合の手続きの流れ＞
１）　労使協定の締結
２）　労働者の就業可能日等の申出
３）　事業主の就業日等の提示

> 4）　就業日等に関する労働者の同意
> 5）　就業日等に関する事業主から労働者への通知

⑧　休業期間の終了

　出生時育児休業の期間は，労働者が申し出た休業期間の終了のほか，次の場合に終了します。

> ・子の死亡等により当該子を養育しないこととなった場合
> ・子の出生日の翌日または出産予定日の翌日のいずれか遅いほうから8週間を経過した場合
> ・子の出生日（出産予定日後に出生した場合は，出産予定日）以後に出生時育児休業の日数が28日に達した場合
> ・出生時育児休業をしている労働者について産前・産後休業，育児休業，介護休業または新たな出生時育児休業が始まった場合

(2)　育児休業制度に関する見直し

　次に，育児休業制度について，2022年10月以降，見直された点を見ていきます。

1）育児休業の分割取得を可能とする見直し

　2022（令和4）年9月までは，子が1歳に達するまでの育児休業の取得回数は1回までとされていましたが，2022年10月以降は2回に分割して取得することが可能となりました。なお，2022年9月までの取扱いと同様に配偶者の死亡・疾病・負傷等の特別な事情がある場合には，さらにもう1回の取得が可能です。

　この見直しにより，例えば，育児休業を短期間で分割して取得したり，夫婦間で育児休業の取得時期をずらし交代したりするなど，より柔軟な休業の取得や働き方を実現できるようになりました。

2）　育児休業の申出の撤回ルールの見直し

　1）のとおり育児休業が分割して2回まで取得できるようになることに伴い，撤回する場合のルールが変わりました。

　2022年9月までは，育児休業の申出を撤回した場合，撤回の申出をした育児休業については，原則として再度の申出はできませんでした。2022年10月以降は，2回の分割取得ができることから，1回撤回した（取得したものとみなされる）場合でも，あと残り1回分について，再度申し出ることが可能となりました。

3）　1歳到達日後の育児休業の見直し

①　1歳到達日後の育児休業の再度の申出

　2022年9月までは，1歳到達日後の育児休業については，取得可能な回数や特別な事情が生じた場合の再度の取得申出に関する規定はありませんでした。2022年10月の改正により，取得できる回数が，1歳6カ月までの休業，2歳までの休業についてそれぞれ原則として1回とされると共に，特別な事情がある場合について，再度の育児休業の取得申出が可能となることが定められたため，取扱いが明確になりました。

②　1歳到達日後の育児休業開始日の柔軟化

　2022年9月までは，1歳到達日後の育児休業の開始日は，各期間の初日（1歳6カ月までの育児休業は1歳の誕生日，2歳までの育児休業は1歳6カ月の誕生日応当日）とされていました。2022年10月の改正により，それまでの定めに加えて，配偶者が1歳到達後の育児休業を取得する場合は，配偶者の育児休業終了予定日の翌日以前を本人の育児休業開始日とすることも可能となりました。

2　社会保険料免除，雇用保険育児休業給付に関する変更

　ここまでみてきた出生時育児休業の創設および現行の育児休業制度の変更に関連して，社会保険料免除制度や雇用保険育児休業給付金の制度についても変更されました。それぞれの内容についてみていきます。

(1)　社会保険料免除要件の変更

　2022年9月までの社会保険料免除制度の保険料が免除される期間は，「育児休業等開始月から終了日の翌日が属する月の前月まで」とされており，同月内に開始日と終了日の翌日がある場合（月中にいくら育児休業を取得しても月の末日に育児休業を取得していないと）その月は免除の対象とはされませんでした。また，賞与にかかる保険料についても同様に，賞与支給月の末日に育児休業を取得していないと当該賞与にかかる保険料が免除されませんでした。極端な例として，月末に1日のみ育児休業を取得すれば，その月の保険料と賞与にかかる保険料の両方が免除されるなど，制度上の課題がありました。

　上記で見た課題のほか，2022年10月より開始された出生時育児休業制度や育児休業の分割取得制度により想定される短期間の育児休業の取得に対応するため，次のとおり免除制度が変更されています。

＜社会保険料免除の変更点（2022（令和4年）10月～）＞
①　同月内に開始日と終了日の翌日がある場合の保険料免除
　同月内に14日以上の育児休業等を取得した場合も保険料が免除されます。なお，月の末日に休業した場合に免除される現行の制度はそのまま維持されています。
②　賞与にかかる保険料免除
　育児休業等の期間が1カ月超の場合に限って，末日を含む月に支払われる賞与にかかる保険料が免除されます。

(2)　雇用保険育児休業給付の変更

1）出生時育児休業給付金制度の創設

　出生時育児休業の創設に伴い，雇用保険の給付についても出生時育児休業給付金制度が創設されました。

　出生時育児休業給付金の支給要件や給付額，休業期間中に賃金が支払われた場合の取扱いについては，基本的には育児休業給付金制度の仕組みと同様です。

　支給期間については，出生時育児休業の分割取得が可能なため，2回分（合計28日）まで支給されます。支給申請は，子の出生の日から起算して8週間を経過する日の翌日から，2カ月経過日が属する月の末日までに行う必要があります。

　なお給付率は，休業1日あたり休業開始時賃金日額の67％です。

2）育児休業の分割取得に対応する育児休業給付金制度の変更

　子が1歳に達するまでの育児休業を2回に分割して取得できるようになったことを受け，育児休業給付金も2回まで支給されることになりました。

　なお，給付率について67％の支給が受けられるのは，出生時育児休業給付金も通算して180日が上限日数となります（その後は50％）。

◇◇◇おわりに◇◇◇

　本稿では，男性の育児休業が取得しやすくなる制度改正として，2022年10月の改正事項を取り上げました。さらに，2023年4月からは，従業員1,000人超の企業に対して，育児休業の取得の状況（男性の育児休業の取得率等）を年1回公表することが義務づけられます。

　このような状況から，各企業の人事においては，これから増加すると予想される男性の育児休業に対応するため，いつ取得の申出があってもいいように人員配置の検討や煩雑化する手続き等の実務運用面を整えておくことが重要です。

プロフィール---

栗山　勉（くりやま・つとむ）　　特定社会保険労務士。中央大学を卒業後，ソフトウェア開発会社人事部を経て，2007年ヒューマンテック経営研究所入所。現在，社労士法人社員（役員）。人事・労務相談，労働時間制度等諸制度改革のコンサルティングのほか，アウトソーシング部門の責任者として，業務改善支援，社会保険・給与計算業務の全般を統括している。

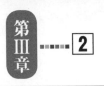

第III章 2

「職場の SOGI ハラ」と
「アウティング」の防止

弁護士法人髙井・岡芹法律事務所　弁護士　　帯刀　康一

職場で性的指向・性自認に関する不適切な言動があった場合は，SOGI ハラとして対応する必要が生じます。その場合，セクハラやパワハラとして捉えるべきでしょうか，あるいは SOGI ハラそのものとして問題にすべきでしょうか。また，多様な性的指向・性自認を前提とした人事労務施策を適用する際に，本人にカミングを求めたり，最小限のアウティングを必要とするケースが生じた場合にはどうしたらよいのでしょうか。

> ☝ **Point**
>
> ● SOGIハラが発生した場合は，パワハラとセクハラいずれかに分類することは必ずしも重要ではなく，パワハラにもセクハラにも該当しうる不適切な言動として対応すれば足りることも多い。
>
> ● SOGIハラがパワハラ防止指針に明記されたことから，SOGIハラに対する懲戒処分もパワハラに対する処分と同様になると解される。
>
> ● 人事労務施策の適用に際して，間接的に労働者の性的指向・性自認のカミングアウトが生じても，それは許容されるケースがある。

1 職場のSOGIハラと懲戒処分

(1) SOGIとは

　最近は「LGBT」や「LGBTQ」と並んで「SOGI」という言葉が用いられることがあります。「SOGI」とは，Sexual Orientation（性的指向）と，Gender Identity（性自認）の頭文字を取った，人の属性の略語とされています。異性愛の人等も含めたすべての人が持っている属性を指すものであり，人ごとに違っていて当たり前というニュアンスが含まれているため，人権等への配慮の観点から，国際社会においては，だれがLGBTQなのかを端的に示す「LGBTQ」という表現ではなく，「SOGI」という言葉を用いるようになってきているようです。

　したがって，今後日本においても「SOGI」という言葉が用いられることが多くなっていくと考えられますが，現実問題として，「SOGI」は，異性愛の人等も含めたすべての人が持っている属性を指す言葉であることから，セクシュアルマイノリティの方々の総称として使用することが難しいという側面は否めません。

　社内研修の場合等でもセクシュアルマイノリティの方々の総称を使用せ

ざるを得ない場面がありえますが，前述のように，性には多様性があり，セクシュアルマイノリティは「LGBTQ」に限られないということなどからすれば，今後はセクシュアルマイノリティの総称としては，「LGBTs」といった，セクシュアルマイノリティは「L」「G」「B」「T」に限られないということ（性には多様性があること）を定義からも読み取ることができる言葉が用いられることが多くなっていくでしょう。

(2)　職場のSOGIハラ

(1)において「SOGI」について解説しましたが，近時，ハラスメントの新しい類型として「SOGIハラ（SOGIハラスメント）」という言葉が使われることが増えています。そこでまず，「SOGIハラ」とはどのようなハラスメントかが問題になりますが，実は，「SOGIハラ」（「職場のSOGIハラ」）については，セクハラやパワハラのように法律上の定義はありません。抽象的な定義としては，「職場における性的指向および性自認（Sexual Orientation and Gender Identity）についてのハラスメント」とすることが可能と思われます[1]。

また，2020年1月15日に公表された「事業主が職場における優越的な関係を背景とした言動に起因する問題に関して雇用管理上講ずべき措置等についての指針（令和2年厚労告5号）」 DL7 （以下，パワハラ防止指針）において示された，パワハラの6類型[2]のうちの②「精神的な攻撃」の類型で，職場のパワハラに該当すると考えられる例として，以下のように「職場のSOGIハラ」という言葉は使用していないものの，明らかに「職場のSOGIハラ」を指すものといえる事例が記載されました。

> 「人格を否定するような言動を行うこと。相手の性的指向・性自認に関する侮辱的な言動を行うことを含む」

1．東京弁護士会のホームページの性の平等に関する委員会のページ（2022年1月19日号）において，「SOGIハラは，『ソジハラ』や『ソギハラ』と読まれ，性的指向や性自認に関して行われる嫌がらせ，差別的言動等のハラスメントを意味します」と定義されている。
2．パワハラの6類型とは，①身体的な攻撃，②精神的な攻撃，③人間関係からの切り離し，④過大な要求，⑤過小な要求，⑥個の侵害とされている。

　もっとも，SOGIハラを「職場における性的指向および性自認についてのハラスメント」と広く定義した場合，パワハラ防止指針でパワハラに該当するとされている事項は，SOGIハラのうち，「侮辱的な言動」であった場合に限定されることになるとも解されます。ただし，SOGIハラのケースは，そもそも性的指向・性自認に関連する言動であることから，何らかの形で「性」的な言動が含まれることが多いため，パワハラでもありセクハラでもあるという言動も当然考えられます。

　このようなケースが実際に職場で発生した場合は，あえてパワハラとセクハラのいずれかに分類することは必ずしも重要ではなく，パワハラでもセクハラにも該当しうる不適切な言動として対応すれば足りるケースも多いと考えられます。

　なお，前記指針の「相手の性的指向・性自認に関する侮辱的な言動を行う」の意味について，「LGBTQの当事者に対して直接侮辱的な発言を行った場合に限る」と誤解されることがあります。しかし，パワハラ防止法の解釈通達である「労働施策の総合的な推進並びに労働者の雇用の安定及び職業生活の充実等に関する法律第8章の規定等の運用について」（令2.2.10雇均発0210第1号）は，

> 「『相手の性的指向・性自認に関する侮辱的な言動を行うこと』については，相手の性的指向・性自認の如何は問わないものであること。また，一見，特定の相手に対する言動ではないように見えても，実際には特定の相手に対して行われていると客観的に認められる言動については，これに含まれるものであること」

としています。

　したがって，SOGIハラは，LGBTQ当事者に対する直接的な性的指向・性自認に関する侮辱的な言動を行った場合に限定されるわけではない点に留意が必要です。

(3) 職場のSOGIハラに関する裁判例

　日本においても，現実に以下のようなSOGIハラに関する紛争が訴訟にまで発展する事例も生じています。そして，下記の裁判例において，慰謝

料が肯定されている事案については，今後，このような言動を行った行為者に対しては，懲戒処分や厳重注意処分といった処分が科される可能性があるという指標になります。

■裁判例①【A社事件・東京地裁平28.5.9判決】

【事案】

　X（DVDやCDのレンタルおよび書籍の販売等を業とする訴外A社にて勤務していた者）が，職場の上司であったY（A社の取締役事業部長であった者）から，職場内で繰り返し侮辱され，職場外で昼夜を問わず運転手等の私的な用件を命じられる等，長時間にわたる継続的なパワハラを受けたと主張して，逸失利益および慰謝料の合計2,000万円および弁護士費用200万円等を請求した事案である。

【判示】※損害賠償肯定　慰謝料30万円

・Yの言動について

　「Yは，A社内において，Xに『ホモ』とあだ名をつけて原告が同性愛者であるかのような話題で他の従業員とともにXをからかい，Xの似顔絵を用いてXを動物に見立てたりXが同性愛者であるような記載をしたXを揶揄するイラストを複数作成し，これを他の従業員らに示した」[3]

・Yの言動の不法行為性（肯定）

　「Yとしては，Xがこれに調子を合わせて周囲の者を笑わせるなどしていたことから安易にその言動を継続していたことが窺われるものの，…（略）…A社におけるYの立場やこれら言動の頻度・内容に鑑みれば，Xが内心ではこれに苦痛を感じていたと認めるのが相当であり，Yにおいても，Xが苦痛を感じながらYに同調せざるを得ないと考えていたことを推察することが十分に可能であった」

3．本件のYの言動は，全体的な趣旨からすれば侮辱的であるとして，SOGIハラのなかでもパワハラに該当するようにも解される。しかし，判決文からはイラストの内容まではわからないものの，性的な意図・表現が含まれていたのであれば，セクハラにも該当しうることになる。もっとも，パワハラでもありセクハラでもあると認定した場合であっても，懲戒事由の適用関係としては，パワハラとセクハラの双方の規定を適用するなり，念のため包括条項も適用しておくといった措置を講じておけばよいと解される。

■裁判例②【国・人事院（経産省職員）事件・東京高裁令3.5.27判決，労働判例1223号52頁】

【事案】

　経産省のC室長が面談において，同省で勤務する性自認が女性であるトランスジェンダーのXに行った，「なかなか手術を受けないんだったら，もう男に戻ってはどうか」という発言が違法であるとして，国賠法に基づき損害賠償を請求した事案である。

【判示】※損害賠償肯定　慰謝料10万円

・「C室長の発言は，その言葉の客観的な内容に照らして，Xの性自認を正面から否定するものであるといわざるを得ない[4]」

・「性別によって異なる様式の衣服を着用するという社会的文化が長年にわたり続いている我が国の実情に照らしても，この性別に即した衣服を着用するということ自体が，性自認に即した社会生活を送る上で基本的な事柄であり，性自認と密接不可分なものであることは明らかであり，C室長の発言がたとえ一審原告の服装に関するものであったとしても，客観的に一審原告の性自認を否定する内容のものであったというべきであって，…（略）…，個人がその自認する性別に即した社会生活を送ることができることの法的利益としての重要性に鑑みれば，C室長の当該発言は，Xとの関係で法的に許容される限度を超えたものというべきである」

■裁判例③【淀川交通（仮処分）事件・大阪地裁令2.7.20決定，労働判例1236号79頁】

　タクシー会社Yで勤務する性自認が女性であるトランスジェンダーのタクシー乗務員Xの化粧を理由とする就労拒否の正当性が問題となった事案であり，SOGIハラについては争点となっていませんが，認定された会社担当者の発言に，SOGIハラの観点から留意すべき発言が含まれるため，参考までにご紹介します。

4．特定の人の「性自認」を明確に否定する発言であったからこそ，慰謝料まで肯定されたものと考えられる。したがって，今後，職場内でこのような発言がなされた場合は，当然に懲戒処分や厳重注意処分といった処分の対象になり得る発言であると解される。

・Xが男性である以上，身だしなみを整える意味で化粧をすることはできないという趣旨の発言をした。実際には，B渉外担当が，Xに対し，「身だしなみで化粧はないやん。男性やねんから。でしょ」[5]と発言した。
・C顧問が「今日はだいぶ化粧も濃いわ」，B渉外担当が「濃いなあ。思いっきり濃い。分かるぞ」，D所長が「はっきり言うて，普段業務してるときもっと濃いで。眉毛バッチリ描いてんねんから」などと，それぞれXに対し指摘をした。

　そのうえで，C顧問は，Xに対し，「前話したときね，あのときはメイクしてなかった。全くメイクしてなかった。で，その状態で仕事するって言うたやん。Xさん。あのときから今比べたら，かなり，やっぱり違和感があるって。違和感ある人，お客さんが乗ってきてや，不快な思いさすからや，苦情来んねや。会社として乗せられへん。当たり前の話や」「そのメイクで仕事したらあかんで。誤解招くて。一部の人，Xさんのように同じような性同一性障害の人，ターゲットにしてるんちゃうで。九分九厘一般の人やで。ほな，一般の人が不快に思うのはええんかい[6]。一部の人が褒めてくれる。わかった，と。ほな9割の人が不快に思うんはええんか。その人ら放っとくの，違うでしょ」と告げた。

(4)　職場のSOGIハラの行為者に対する懲戒処分

　パワハラ防止指針では，行為者に対する処分について，「職場におけるパワーハラスメントが生じた事実が確認できた場合においては，行為者に対する措置を適正に行うこと」とされていますので，職場でSOGIハラを行ったと認定された行為者に対しては，事業主として懲戒処分を科す等の措置を講じる義務があります。
　もっとも，職場のSOGIハラに関する裁判例自体がほとんどないことか

5．性自認が女性のトランスジェンダーに対し，「男性やねんから」との発言は，故意であればなおさら，故意ではなかったとしても，現在は不適切な発言であると解される。
6．全体的な発言の文脈もトランスジェンダーへの偏見が感じられるが，「九分九厘一般の人やで。ほな，一般の人が不快に思うのはええんかい」といった表現は，さらにトランスジェンダーは特別な存在であり，トランスジェンダーの化粧をほとんどの人は不快に感じるという偏見によるものであり，不適切な発言といわざるを得ない。

ら，職場のセクハラや職場のパワハラのように，懲戒処分を科すことの当否および懲戒処分を科すとした場合の量定について，どのような要素で判断すればよいのかという点について，現時点において確立した考え方はありません。

しかし，SOGIハラがパワハラ防止指針に明記されたことを考慮すれば，パワハラの行為者に対する処分と同様の扱いになると解されます。まず，職場においてSOGIハラと思われる言動を行った行為者に対して懲戒処分を科すことの当否についてですが，懲戒処分は，就業規則の懲戒事由に該当しなければ当該処分を科すことはできないため，まずは各社の就業規則の懲戒事由に該当するかを判断することになります。

パワハラ防止指針では，「職場におけるパワーハラスメントに係る言動を行った者については，厳正に対処する旨の方針及び対処の内容を就業規則その他の職場における服務規律等を定めた文書に規定し，管理監督者を含む労働者に周知・啓発すること」とされており，職場のパワハラにはSOGIハラも含まれることから，すでにSOGIハラに関する就業規則の規定を設けている企業もあります。そのような企業であれば，当該規定に該当するか否かを判断することになります。

仮に，まだSOGIハラに関する規定を設けていない場合は，少なくとも以下のように規定を設けることをお勧めします[7]。その他，包括規定や，パワハラ，セクハラに関する規定，職場内の綱紀に関する規定の適用の有無を検討し，適用可能であれば，当該規定により行為者に対して処分を科すことになります。

（あらゆるハラスメントの禁止）
第●条　セクハラ，パワハラ，マタハラのほか，性的指向・性自認に関する言動によるものなど職場におけるあらゆるハラスメントにより，他人に不快な思いをさせたり，他の労働者の就業環境を害するようなことをしてはならない。

次に，職場でSOGIハラを行った行為者に対する懲戒処分の量定ですが，

7．詳細は，『労務事情』2020年9月1日号の拙著「パワハラ防止法・パワハラ指針を踏まえた企業のSOGIハラ防止措置〜アウティングの防止等〜」を参照。

「過去の処分歴の有無（特に同種事案の処分歴）」「過去の同種事案に関する他の労働者に対する処分の量定」「本人の反省の程度」「被害者に対して被害回復に関する行為を行ったか」といった一般的に懲戒処分の量定の際に考慮する必要がある事情のほか，以下の事情を総合考慮して行うことになります。

① **言動の内容・程度**

・性の多様性を否定する，LGBTQ当事者の人格を否定する言動か否か

→そうであれば，重く量定する方向で考慮される

② **誰に対しての言動か**

・たとえば職場でカミングアウトしているLGBTQ社員に直接向けられた言動か否か（特定のLGBTQ社員の排除等を意図しているか）

→そうであれば，特定のLGBTQ社員の排除等の直接的な不当な動機が認定できることが多いと思われることから，重く量定する方向で考慮される[8]

③ **具体的被害者の有無（数）・被害の程度等**

・具体的な被害者がいるか否か（直接言動を向けられた労働者だけではなく，たとえば，職場でのSOGIハラに該当する言動により，職場でカミングアウトしていない他のLGBTQの社員が精神的苦痛を感じたようなケースも含む），被害者数が多いか否か，被害者の被害の程度が重いか否か

→具体的な被害者がいる場合，被害者が複数の場合，メンタル不調に陥り休職する等被害の程度が大きい場合は，重く量定する方向で考慮される

④ **言動がなされた回数・期間（頻度）**

・職場でのSOGIハラの言動がなされた回数は1回限りか複数か，複数の場合，その言動がなされていた期間・頻度は

8．ただし，あくまでも程度問題であり，LGBTQであることをカミングアウトしている社員がいない職場で，何度も「うちの職場にゲイなんて必要ないからな」といった性の多様性を否定する（LGBTQの存在を否定する）言動を繰り返しているような場合は，見えていないだけでその職場にもLGBTQの社員がいるかもしれないことを理解しながら，「そうであってもカミングアウトするなよ」といった圧力をかけているとも取れ，そのような動機も悪質といえるし，そのような言動の結果として，カミングアウトしていなかったLGBTQの社員が心身の不調を来したというようなケースでは，当然重く量定する方向で考慮する。

→言動が複数回なされた場合，長期間にわたりなされた場合，短期間で
あっても高頻度でなされていた場合は，重く量定する方向で考慮される

⑤ **性の多様性やSOGIハラ防止に関する社員教育の有無・程度**

・事業主として，職場でのSOGIハラ禁止に関する周知を行い，性の多様
性やSOGIハラ禁止に関する社内研修を実施していたか

→実施していたにもかかわらず本人が不定切な言動を行った場合は悪質性
が高まり，重く量定する方向で考慮される

⑥ **行為者の社内での地位（立場）**

・行為者が社内でどのような地位（立場）にあるのか

→たとえば管理職等，本来SOGIハラを防止するよう部下等を管理する立
場にあるにもかかわらず自らSOGIハラを行ったのであれば，重く量定
する方向で考慮される

2 LGBTQ施策の推進とカミングアウト，アウティング

(1) 職場でのカミングアウト

「職場でのカミングアウト」と聞いて，皆さんはどのようなことを想像
するでしょうか。現実のこととして考えたことはあるでしょうか。実は，
「職場でのカミングアウト」について，現時点で法的な定義はありません
し，直接的に規制をする法律もありません。

もっとも，「職場でのカミングアウト」をあえて定義づけするとすれば，
労働者が職場において公表していない自身の性的指向・性自認等を第三者
に開示すること，と定義できると思います。

そして，本人の性的指向・性自認は，本人にはいかんともし難いもので
あり，その人の人格権・プライバシー権等と密接に関連しているものであ
ることから，基本的には，「職場」において自らの性的指向・性自認につ
いてカミングアウトするか否かについては，本人自身が選択すべき問題で
あり，他者からカミングアウトを強制されるものではないと解されます。

　なお，職場でのカミングアウトの状況ですが，2019年度の厚生労働省委託事業である「職場におけるダイバーシティ推進事業報告書（2020年3月）」[9] DL8 234頁によれば，まず，企業が社内に当事者がいることを認知しているかどうかについては以下のとおりで，「明確なカミングアウトがない場合でも，いる可能性を想定している企業が大企業を中心に一定割合あることがうかがえる」とされています。

■調査全体
・「いないと思う」が41.4％
・「わからない」が29.9％，「1,000人以上」では，「認知している」
■「1,000人」以上
・「認知している」が40.6％
・「認知していないが，いる可能性を想定している」が29.7％

　次に，職場でのカミングアウトをしている割合については，同報告書236頁によれば以下のとおりで，「性的マイノリティ当事者が職場に存在していても，性的マイノリティであることを自ら伝えていない状況がうかがえる」とされています。

■いまの職場のだれか1人でも，自身が性的マイノリティであることを伝えている割合
・「レズビアン」「ゲイ」「バイセクシュアル」を合わせて，7.3％
・「トランスジェンダー」は，だれかに伝えている割合が比較的高く，15.8％

　また，同報告書236頁によれば，性的マイノリティであることを伝えている相手については以下のとおりであり，「職場においては，会社に対して就業上の配慮や困りごとの相談を行うことのためにカミングアウトすることが考えられるが，カミングアウトの実態としては，同僚など身近な人が多いことがうかがえる」とされています。

　9．同報告書は，本記事で引用したデータ以外にも，職場のLGBTへの配慮と対応を考えるうえで参考となるさまざまなデータ等が記載されているため，職場のダイバーシティを進める人事労務担当者は，参照することをお勧めする。

・「レズビアン」「ゲイ」「バイセクシュアル」
　→　同僚：73.8%
　　　上司：38.1%
　　　人事部門の担当者：9.5%
・トランスジェンダー
　→　同僚：62.5%
　　　上司：62.5%
　　　人事部門の担当者：18.8%

　さらに，同報告書237頁によれば，「自身が性的マイノリティであること
を伝えている理由」では，「自分らしく働きたかったから」「職場の人と接
しやすくなると思ったから」「特に明確な理由はない」等の割合が比較的
高い一方で，「トイレや更衣室など，施設利用上の配慮を求めたかったか
ら」「ホルモン療法や性別適合手術を受けることになったから」「異動にお
ける配慮を求めたかったから」「会社の福利厚生制度を利用したかったか
ら」といった，「労務管理上の配慮のために，カミングアウトした割合は，
トランスジェンダーを中心に一定程度みられる（ただし，サンプル数が少
なく，参考値であることには留意が必要）」とされています。

　なお，「アウティング・カミングアウトの強要があったため」という理
由が0％であったことは望ましい結果だと思いますが，労務管理上の配慮
のためにカミングアウトした割合という部分は，職場でのカミングアウト
への対応とも関連する調査結果といえるかと思います。

　ちなみに，「自身が性的マイノリティであることを職場のだれにも伝え
ていない理由」に関する調査結果もみると，同報告書238頁によれば，「職
場の人と接しづらくなると思ったから」「人事評価や配置転換，異動等で
不利な扱いを受ける可能性があるから」「性的マイノリティについて差別
的な言動をする人がいる，またはいるかもしれないから」など，ネガティ
ブな影響を恐れてカミングアウトをしないという回答の割合が高い一方，
「仕事をするうえで，性的マイノリティであることは関係がないから」「配
慮してほしいことは特にないから」など，カミングアウトの必要性を感じ
ないという回答も一定割合みられたとされています。

　以上のことから，職場においてLGBTQ当事者が自身の性的指向・性自

認のカミングアウトをためらう理由として，人事上・事実上の不利益や差別的な取扱いを受けること等への懸念があることを，特に，経営者，管理職および人事労務担当者は認識しておく必要があるといえます。

(2) 職場でのアウティング

1) 職場でのアウティングとは

(1)において，職場でのカミングアウトの意味と，これに関するデータをみてきましたが，職場でのカミングアウトへの対応等について考える際に，切っても切れない関係にあるのが職場でのアウティングです。

　職場でのアウティングについても法律上の定義はありませんが，「職場において，本人の同意なしに，本人がオープンにしていないその性的指向・性自認などを正当な理由なく第三者に開示すること，および開示を強制すること」と定義できると解されます[10]。

2) 職場でのアウティングと法的利益の侵害について

　職場でのアウティングについては，アウティングされる者の法的利益を侵害するものなのかが問題となります。この点について，「職場」ではないものの，法科大学院内でのアウティングが問題となった裁判[11]（**一橋大学法科大学院事件**・東京高裁令2.11.25判決）の高裁判決において，

> 「本件アウティングは，B[12]がそれまで秘してきた同性愛者であることをその意に反して同級生に暴露するものであるから，Bの人格権ないしプライバシー権等を著しく侵害するものであって，許されない行為あることは明らかである」（下線は筆者にて加筆）

---

10. 「国立市女性と男性及び多様な性の平等参画を推進する条例」では，「何人も，性的指向，性自認等の公表に関して，いかなる場合も，強制し，若しくは禁止し，又は本人の意に反して公にしてはならない」（同条例8条2項）と規定し，アウティングの禁止に関する規定を設けている。
11. 被告学校法人の法科大学院の同じクラスに在籍する学生から，本件法科大学院の他の同級生に対して，Bが同性愛者であることを暴露され（本件アウティング），その後，本件法科大学院の教室のある校舎からBが転落死（本件転落死）したことから，Bの遺族が被告学校法人と暴露した学生の双方に損害賠償請求訴訟を提起した事案である。
12. この事件のアウティングの被害者である。

と判示され，アウティングは，アウティングされる者の人格権ないしプライバシー権等を侵害しうる行為であると判断されています。この判示内容は，職場でのアウティングにも妥当すると考えておく必要があります。

3）アウティングとパワハラ防止指針について

　2020年6月1日から施行されている改正労働施策総合推進法（以下，パワハラ防止法）において[13]，事業主に対してパワハラ防止に関する措置義務が課されましたが，その措置義務の具体的内容が示されているパワハラ防止指針では，「アウティング」に関する事項として，パワハラの6類型のうちの⑥「個の侵害」の類型で，職場のパワハラに該当するケース，該当しないケースとして以下の事例が記載されたうえで，「プライバシー保護の観点から，…（略）…（※性的指向・性自認等に関する）機微な個人情報を暴露することのないよう，労働者に周知・啓発する等の措置を講じることが必要である」（※は筆者にて加筆）とされました。指針によると，以下のようになります。

【該当すると考えられる例】
　「労働者の性的指向・性自認や病歴，不妊治療等の機微な個人情報について，当該労働者の了解を得ずに他の労働者に暴露すること」
【該当しないと考えられる例】
　「労働者の了解を得て，当該労働者の性的指向・性自認や病歴，不妊治療等の機微な個人情報について，必要な範囲で人事労務部門の担当者に伝達し，配慮を促すこと」

　このように，事業主は，パワハラ防止指針において，アウティング防止に関する措置を取る義務を課されていることになります。

4）職場でのアウティングに関する紛争の現実化について

　実際に，「職場でのアウティング」に関する問題が訴訟に発展した紛争もあります。前記報告書－参－162頁では，現在も名古屋地方裁判所で係

---

13. 中小企業は，2022年3月31日までは努力義務であった。

争中の事件として**Y社アウティング事件**が紹介されています。

　事案の概要は，「会社員は戸籍上男性だが平成26年１月に性同一性障害との診断を受けた。同５月に名古屋家裁が女性名への変更を認めたため，上司に健康保険証などの変更手続きを依頼した。職場では男性名で働きたいと要望する一方，更衣室は男性用を使わなくて済むように配慮を求めた。だが会社側は一方的に掲示物や名札を女性名に変えた上で，役員用更衣室などの使用を認める代わりに，同じ課の従業員の前でカミングアウトするよう強制した。会社員は６月中旬に朝礼で３回『性同一性障害で，治療には皆さまに迷惑がかかります。理解と協力をお願いします』との説明を強いられた」というもの[14]で，当該会社員が会社に対し1,330万円の損害賠償請求訴訟を提起しています。

　以上のことからすれば，企業は，職場でのアウティングの問題について自社の問題として考える必要があり，職場でのアウティングを防止するための対策を取っておく必要があります。

(3)　職場のLGBTQ施策推進とカミングアウトの間接的強制の関係

　それでは，職場のLGBTQ施策を推進する際のカミングアウトの問題を見てみましょう。

1）家族手当の受給のためのカミングアウト

　まず，カミングアウトはしないで，同性パートナーとの事実婚における家族手当の適用を申し出られた場合はどうでしょうか。懸念されるのは，間接的に労働者の性的指向・性自認のカミングアウトを伴うことがあるという点です。

　このようなケースにおける考え方としては，福利厚生や家族手当の支給を同性パートナーにも認める場合の制度設計をどうするのかということとも関係してくると思います。

　たとえば，家族手当の支給要件として，婚姻関係にある社員に対し，住

---

14. おそらく原告がこのように主張しているという事案であり，一部報道では，会社側は原告の同意を得ていたと主張しているようである。

民票といった書面の提出を求めず，婚姻したという事実のみを会社に届け出れば受給できるというケースであれば，同性パートナーについても，単に婚姻したという事実（あえて同性婚との表記は求めない）のみを届け出れば受給を認めるという制度設計とすべきかと思います。このような制度設計であれば，家族手当の支給申請をする際に，パートナーが同性であることを申告する必要がありませんので，よりLGBTQに配慮した制度といえます。

　では，家族手当の支給要件として，婚姻関係にある社員に対し，婚姻の事実を確認するために住民票といった書面の提出を求めているケースにおいて，同性パートナーと事実婚をしたことを証する何らかの書面の提出を求めることは，法的に問題はないのでしょうか。

　確かに，家族手当の支給にあたり，同性パートナーとの事実婚を証する何らかの書面（同性パートナー証明書等）の提出を求めることによって，（少なくとも人事労務担当者や経営陣には）カミングアウトをさせることになります。しかし，異性婚の場合であっても婚姻の事実を証明する書面の提出を求めていること，家族手当を支給するにあたり，婚姻関係（事実婚関係）にあることの証明を求めることには一定の合理性があることからすれば，同性パートナーの存在や本人の性的指向等について，経営陣や人事部の一部の者にしか知られず（情報の共有範囲が限定されること），保秘が徹底されるのであれば，現状では適法と解すことも可能であると思います。

② トランスジェンダーの心の性に応じたトイレの利用とカミングアウト

　次に，トランスジェンダーの労働者から，心の性に応じたトイレの利用をしたいと申し出られた場合はどうでしょうか。これは，非常に難しい問題です。そもそも，自社ビルなのか，他のテナントが入っているビルの1区画を賃貸しているにすぎないのか，どこにどのようなトイレが設置されているのか，労働者本人が性同一性障害であると診断されているのか，私生活ではどの性で生活しているのか，パス度（外見上第三者からどのようにみえるのか）など，事案により状況はさまざまであり，画一的な回答を

導き出すことは不可能な問題といえます。

　このようなケースでは，「バリアフリートイレ」の利用をお願いすることになるケースも多いと思いますが，トランスジェンダーとしては，本来的には，「バリアフリートイレ」を利用したいわけではなく，心の性に応じたトイレを利用したいと考えているものと思います。

　しかし，たとえば，いわゆる男性が女性トイレに入った場合は，建造物侵入罪が成立する可能性すらある行為であり，本人がトランスジェンダーであると主張すれば，どのような状況であっても建造物侵入罪に該当しないとも確答できないと思います。

　さらに，心の性は女性であるトランスジェンダーの経産省の職員Ｘが，女性トイレの利用制限などが違法であるなどと主張し訴訟を提起した前掲・国・人事院〈経産省職員〉事件において，

> 「経産省としては，他の職員が有する性的羞恥心や性的不安などの性的利益も併せて考慮し，Ｘを含む全職員にとっての適切な職場環境を構築する責任を負っていることも否定し難い」

と判示されたことからも明らかなとおり，企業は，トランスジェンダーの労働者の人格権やプライバシーに配慮する必要があると同時に，他の社員に対する安全（環境）配慮義務も負っています。

　企業としては，他の労働者に対する安全（環境）配慮義務の履行等に必要な範囲において，トランスジェンダーの労働者にとっては予期せぬカミングアウトが生じてしまう可能性があるものの，その点にも一定の配慮をしたうえで，「バリアフリートイレ」の利用をまずは求めるといった対応も，必ずしも許されないわけではないと考えます。

プロフィール--

帯刀康一（たてわき・こおいち）　2004年3月早稲田大学教育学部卒業。2005年11月司法試験合格。2007年9月司法修習修了（第60期），東京弁護士会登録。2011年髙井・岡芹法律事務所入所。著書に，『知らないでは済まされない！LGBT実務対応Q&A―職場・企業，社会生活，学校，家庭での解決指針―』（民事法研究会，編著）等。

副業・兼業導入に向けた
制度設計のポイント

人事コンサルタント／インディペンデント・コントラクター協会　顧問　**田代　英治**

　政府が推進している「副業・兼業」，果たして自社がわざわざ推奨するものなのか，制度化するものなのか，組織にとってメリットがあるのか・ないのか，まだ判断を保留している組織は多いでしょう。

　とはいえ，人材採用・人材確保の場面においては，可能性のある仕組みとして，注目を集めているのは事実です。

　「副業・兼業」を許可するとしたら，組織としてどのような考え方の整理が必要なのでしょうか。仕組み，ルールはどのように決めればよいのでしょうか。

> ☝ Point
>
> ● 自社にとっての副業・兼業のメリット・デメリットを，現在だけ
>   でなく将来を見据えて比較し，容認するかどうかを検討する。
> ● 政府のモデルのまま規定するのではなく，自社の実態に合わせて
>   労使で十分に検討することが必要。
> ● 労働時間管理，雇用保険，社会保険の取扱いについても確認して
>   おくことが重要。

1 副業・兼業制度の導入にあたって

(1) なぜ今，副業・兼業が推進されているのか

　政府が推進する「働き方改革」実現に向けた施策の１つである「副業・兼業」。2018年の「**副業・兼業の促進に関するガイドライン**」 DL9 （以下，ガイドライン）公表を契機に，徐々に副業・兼業を解禁する企業が増えており，今後さらにこの流れの拡大が予想されます。ガイドラインでは，「副業・兼業」のあり方の枠組みを示し，会社員の副業・兼業は原則自由なこと，企業側は社員が「**企業秘密の保持**」などの要件を満たしていれば，禁止や制限はできないことなどを定めました。

　さらに，2022年７月の改定ガイドラインでは，副業・兼業を許容しているかどうか，許容の場合はその条件などについて，ホームページなどを通じて公表することが望ましいとしています。

　このように，政府が副業・兼業を推進する理由は，主に労働者が適切な職業選択を通じ，多様なキャリア形成を図ることを促進するためであり，副業・兼業を通じて成長分野への人材移動を促すねらいがあります。

(2)　副業・兼業のメリット・デメリット

　副業・兼業が進む理由は，政府の後押しだけでなく，企業や社員にとってメリットがあるからです。企業が副業・兼業を解禁し，社員が副業・兼業をするメリット・デメリットは，以下のようなことが考えられます。

企業のメリットとして期待できること

① 社員の成長→会社の成長，業績向上につながる

- 社員が自分のキャリアを考える良い機会となり，自ら主体に自身の成長のために動き始めれば，結果として企業へのリターンも大きくなる。
- 他社で得られた経験やスキルがプラスとなり，仕事の質が上がり，人材育成につながる。
- 副業・兼業で得た新たな知識・スキルや人脈を活かすことで，新規事業開発や既存事業拡大につながる。

② 社員のモチベーションやエンゲージメントの向上→人材確保・定着に好影響

- 離職せずにやりたいことにチャレンジできるので，人材の定着率が向上する。
- 副業を積極的に支援することで社員のモチベーションが高まれば，優秀な人材の流出防止につながる。
- 副業を支援している企業は好意的なイメージをもたれ，人材確保にもつながる。

企業のデメリットとして懸念されること

① 副業・兼業をすることによる疲労の蓄積で，本業の業務に支障を来たすおそれ
② 秘密情報が漏えいするリスク
③ 本業を退職し，副業先に転職してしまう可能性
④ 規定を策定する手間，イレギュラーな労務管理

2　副業・兼業を促進する制度導入のポイント・留意点

(1)　副業・兼業のパターンの整理

　副業・兼業については，**図表1**のように，「誰が主体か」という視点と「雇用形態」によって，4つのパターンに整理・区分できます。（本業が雇用の）働き手が雇用で（**A**），または雇用以外の形態で（**B**），副業・兼業をすることを容認するパターンだけでなく，企業が副業・兼業者を雇用で（**C**），または雇用以外で（**D**）受け入れるパターンもあります。

　ひと口に「副業・兼業の促進」といっても，さまざまなパターンがあることを頭に入れて，制度導入を検討するとよいでしょう。

図表1　副業・兼業の分類

		雇用で		非雇用で	
❶	（本業が雇用の）働き手が	A	副業・兼業をする　(8社)	B	副業・兼業をする　(14社)
❷	会社が	C	副業・兼業を受け入れる　(1社)	D	副業・兼業を受け入れる　(8社)

資料出所：日本経団連「副業・兼業の促進」（2021年10月）
(注) 1.「雇用」とは、正社員やパート・アルバイトなど、会社と雇用契約関係にある形態を指す。一方、「非雇用」は、個人事業主や業務委託、フリーランス等の形態を指す。
　　 2. 括弧内の社数は、同資料内に企業事例として掲載されている15社のA～Dの各パターン別の実施企業数。①②いずれの場合も非雇用で副業・兼業を容認したり、受け入れたりする企業が多い。

(2)　社員の副業・兼業を容認する制度導入のポイントと留意点

　まず，自社で雇用している社員が副業・兼業をすることを容認する制度を導入する際の留意点を**図表2**のステップに沿って，解説します。

1）副業・兼業の容認の方針と目的の明確化

　社員の副業・兼業は企業にとって，前述したようなメリットが期待できる一方，長時間労働による**健康被害**や**情報漏えい**のリスクなどのデメリットが懸念されます。

図表２　制度導入に向けた検討のステップ

そこで，自社にとっての副業・兼業のメリットとデメリットを，現在だけでなく将来も見据えて比較し，容認するか否かを検討しましょう。その結果，副業・兼業を容認する方針とし制度化する場合は，目的を明確にしたうえで，メリットを最大限活かし，懸念されるデメリットを克服すべく検討を進めましょう。

2）副業・兼業のルールの策定

現状において副業・兼業を原則禁止としている企業では，まず「許可制」とし，希望する社員に，その内容等を申請させ，認めるか否かを判断することから始める例が多いでしょう。許可制の下で，副業・兼業の諾否を判断するため，以下のような（ガイドラインに記載の事項の）情報を収集する必要があります。

> ❶ 副業・兼業先の事業内容
> ❷ 副業・兼業先で労働者が従事する業務内容
> ❸ 労働時間通算の対象となるか否かの確認

検討にあたり，副業・兼業先に制限を設けるかどうかという点も重要です。特に，雇用契約での副業は，労働時間の管理の煩雑さや労務リスクを考慮すると，あらかじめ非雇用の形態（**図表１**「Ｂ」のみ）に制限して認める例も多く見られます。副業・兼業解禁の目的が，社員の成長やモチベーションの向上である場合，使用者の指揮命令によらず自律した働き方が可能となる業務委託契約のほうがふさわしいと考えて，非雇用の形態に制限する例が多いようです。

3) 就業規則の改定

　副業・兼業に関する就業規則の改定が必要になるケースでは，厚生労働省（以下，厚労省）のモデル就業規則が参考になります。ただし，モデル就業規則のまま規定するのではなく，自社の実態に合ったものにしなければならないので，労使で十分に検討する必要があります。

　このモデル就業規則では，**図表3**のとおり「労働者は，勤務時間外において，他の会社等の業務に従事することができる」とし，副業・兼業の届出や，副業・兼業を禁止または制限できる場合についても規定しています。

　まず，労働者の副業・兼業について，裁判例では，労働者が労働時間以外の時間をどのように利用するかは基本的には労働者の自由であると示されていることから，モデル就業規則68条1項において，労働者が副業・兼業できることを明示しています。

　また，労働者の副業・兼業を認める場合，労務提供上の支障や企業秘密の漏えいがないか，長時間労働を招いていないか等を確認するため，同条2項において，労働者からの事前の届出（後述**図表5**を参照）により労働者の副業・兼業を把握することを規定しています。

図表3　モデル就業規則　副業・兼業規定

（副業・兼業）
第68条　労働者は，勤務時間外において，他の会社等の業務に従事することができる。
2 会社は，労働者からの前項の業務に従事する旨の届出に基づき，当該労働者が当該業務に従事することにより次の各号のいずれかに該当する場合には，これを禁止又は制限することができる。
　① 労務提供上の支障がある場合
　② 企業秘密が漏洩する場合
　③ 会社の名誉や信用を損なう行為や，信頼関　係を破壊する行為がある場合
　④ 競業により，企業の利益を害する場合

資料出所：厚労省「モデル就業規則（令和3年4月）」

4) 社内周知

　社内で承認が得られたら，**図表4**のような**社内通知書**を作成し，公表し

ます。あわせて，**申請書の様式（図表5（次頁））**を用意することが必要
です。

図表4　副業に関する社内通知書例（許可制，就業規則改定なし）

202X年11月○日
人事グループ

副業に関して

　副業については，当社就業規則第○条△項に記載のとおり，従業員の遵守事項として
「許可なく社外の業務に従事しないこと」と定められており，これまで副業希望者に対
しては，フリーフォームでの個別申請を受け付け，案件ごとに慎重に検討・判断し，部
分的かつ限定的に許可しておりました。今後も会社は従業員には当社業務を最優先に専
念することを求め，副業を積極的に勧めることはないとの基本スタンスは変えないなが
らも，昨今の政府の働き方改革に伴い，従業員からの副業に関する問合せが年々増えて
いる状況を鑑み，副業申請に関する手続きと必要書類を整備しましたので，下記のとお
りご案内申し上げます。

> 会社の基本スタンスを伝えておくことも必要です。この例では本業優先の姿勢を崩さず慎重に第一歩を踏み出しています。

記

1．許可申請

　会社が副業を認めるにあたっては，労務提供上の支障や企業秘密の漏えい等がないか，
また長時間労働を招くものとなっていないかについて精査したうえで慎重に判断する必
要があることから，事前許可制とします。副業を希望する従業員は，別紙『副業許可申
請・誓約書』に詳細内容を記入のうえ，人事グループ宛にご提出ください。

> 106頁の図表5を参照してください。

2．労働時間の把握と健康管理について

　会社は，企業の安全配慮義務として，副業者本人の自己申告に基づき，副業にかかる
労働時間の把握に努めますが，副業者は自らにおいても，副業の業務量や進捗状況，副
業に費やす時間を管理する必要があります。

　会社は，副業による過労によって本人が健康を害したり，本業に支障を来したりする
おそれがあると判断した場合には，直ちに副業許可を取り消します。

> 会社の安全配慮義務は当然のことながら，副業者の自己保健義務にも言及しています。副業者の働き過ぎを防ぎ，健康管理への注意を自覚させる必要があります。

3．禁止行為について

　副業に関しては，以下①から④を禁止行為として厳しく制限しております。副業が許
可された後，以下に該当する行為が認められた場合には，会社は直ちに副業許可を取り
消すこともありますので，くれぐれもご注意願います。

　① 労務提供上の支障がある場合
　② 企業秘密が漏えいする場合
　③ 会社の名誉や信用を損なう行為や，信頼関係を破壊する行為がある場合
　④ 競業により，企業の利益を害する場合
　※上記に限らず，個別の状況に応じて禁止行為と判断される場合があります。

図表5　副業許可申請・誓約書の例

副業許可申請書・誓約書

私は，以下の業務について副業を申請します。

1．副業先の名称
2．所在地
3．電話番号
4．従事する業務
　（1）業務内容：
　（2）雇用形態：パートタイマー・派遣社員・自営・その他（　　　　　）
　（3）期間：　　年　月　日　～　　年　月　日
　（4）勤務日：（　　　）曜日，週（　　　日），1カ月（　　　日程度
　（5）勤務時間：　　時　分～　　時　分

5．副業を必要とする理由

6．その他報告事項

　なお，私は，副業により以下の行為をしないことを誓約します。万一，制約に反し，会社に損害を発生させた時は，賠償の責任を負います。
　また，会社が以下のいずれかに該当すると判断し，副業の禁止または制限を指示した場合，私はその指示に従うことを誓約します。
　①　労務提供上の支障がある場合
　②　企業秘密が漏えいする場合
　③　会社の名誉や信用を損なう行為や，信頼関係を破壊する行為がある場合
　④　競業により，企業の利益を害する場合

　　　年　　月　　日

人事グループ長

　　　　　　　　　　氏名　　　　　　　　　　㊞

> 副業先で雇用契約を認めない場合は，(2)(4)(5)は省略します。

> 期間の定めのない契約の場合も，最長期間を1年とし，状況確認のため毎年申請してもらう運用も考えられます。

⑶ 労働時間管理，労災の適用，雇用保険・社会保険等の取扱いについて

1）労働時間管理

　労働時間管理には，以下の2つの方法が認められています。詳細は，厚労省「**副業・兼業の促進に関するガイドライン　わかりやすい解説**」 DL10 をご参照ください。

⑴　原則的な方法

　労働基準法38条1項では「労働時間は，事業場を異にする場合においても，労働時間に関する規定の適用については通算する」と規定されています。労働基準局長通達（昭23.5.14日基発769号）では，「事業場を異にする場合」とは事業主を異にする場合を含むとしています。

　したがって，副業・兼業先で雇用契約（**図表1「A」**）を認める場合，原則として，本業・副業各々における**労働時間の通算**が必要となります。この場合，労働者の申告などにより，それぞれの使用者が自らの事業場における労働時間と，他の使用者の事業場における労働時間とを通算して管理する必要があります（**図表6**）。

図表6　労働時間通算の順序　（①⇒②⇒③）

⑵　管理モデル

　実際，この方法での労働時間管理は，本業や副業・兼業の会社，労働者にとって，煩雑であり相当な負担になります。そこで導入されたのが，簡便な労働時間管理の方法（**管理モデル**）です（**図表7**）。

図表7　原則的な方法から「管理モデル」へ

原則的な方法	副業・兼業の日数が多い場合や自らの事業場および他の使用者の事業場の双方において所定外労働がある場合等 ➡労働時間の申告等や通算管理において労使双方に手続上の負担が伴うことが考えられる。
管理モデル	労働時間の申告等や通算管理における労使双方の手続上の負担を軽減し、労基法に定める最低労働条件が遵守されやすくなる簡便な労働時間管理の方法

　管理モデルとは，副業・兼業の開始前に，先に労働契約を締結していた使用者Aの事業場における「法定外労働時間」と，後から労働契約を締結した使用者Bの事業場における労働時間（所定労働時間および所定外労働時間）の合計時間数が，単月100時間未満，複数月平均80時間以内となる範囲内で，各々の使用者の事業場における労働時間の上限をそれぞれ設定し，各使用者がそれぞれその範囲内で労働させることです。

　先に労働契約を締結した使用者は「自らの事業場における法定外労働時間分」を，後から労働契約を締結した使用者は「自らの事業場における労働時間分」を，それぞれ自らの事業場における36協定の延長時間の範囲内とし，割増賃金を支払うこととされています（図表8）。副業・兼業の開

図表8　管理モデルのイメージ

Aに所定外労働がある場合（A・Bで所定外労働が発生し得る場合に，互いの影響を受けないようあらかじめ枠を設定）

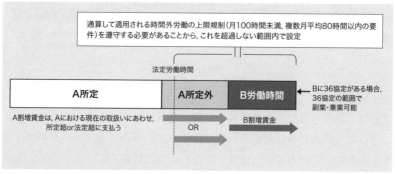

資料出所：厚労省「副業・兼業の促進に関するガイドライン　わかりやすい解説」16頁

始後は，それぞれあらかじめ設定した労働時間の範囲内で労働させるかぎり，他の使用者の事業場における実労働時間の把握を要することなく，労働基準法を遵守できるようになります。

2）副業中の労災，雇用保険・社会保険の適用

⑴　労災保険の給付

　労災保険制度は労基法における個別の事業主の災害補償責任を担保するものであるため，従来その給付額については，災害が発生した就業先の賃金分のみに基づき算定していました。しかし，複数就業している者が増えている実状を踏まえ，複数就業者が安心して働くことができるような環境を整備するため，**「雇用保険法等の一部を改正する法律」**（令和2年法律第14号）により，被災害発生事業場の賃金額も合算して労災保険給付を算定することとしたほか，複数就業者の就業先の業務上の負荷を総合的に評価して労災認定を行うこととしました（**図表9**）。

図表9　労災保険給付における賃金額合算の具

資料出所：厚労省「複数事業労働者への労災保険給付　わかりやすい解説」4頁

　また，労働者が，自社，副業・兼業先の両方で雇用されている場合，一の就業先から他の就業先への移動時に起こった災害については，通勤災害として労災保険給付の対象となりました。事業場間の移動は，当該移動の終点たる事業場において労務の提供を行うために行われる通勤であると考えられ，当該移動の間に起こった災害に関する保険関係の処理は，終点た

る事業場の保険関係で行うものとされました。

(2) 雇用保険, 社会保険の取扱い

▼雇用保険

同時に複数の事業主に雇用されている者が, それぞれの雇用関係におい
て被保険者要件を満たす場合, その者が生計を維持するに必要な主たる賃
金を受ける雇用関係についてのみ被保険者となります。

2022年1月から, 65歳以上の労働者本人の申出により, 1つの雇用関係
では被保険者要件を満たさない場合であっても, 他の事業所の労働時間を
合算して雇用保険を適用する**マルチジョブホルダー制度**が試験的に開始さ
れています。

▼社会保険

社会保険の適用要件は, 事業所ごとに判断するため, 複数事業所の労働
時間の合算はありません。複数の雇用関係に基づき複数の事業所で勤務す
る者が, いずれの事業所でも適用要件を満たさない場合, 労働時間等
を合算して要件を満たしたとしても, 適用されません。

同時に複数の事業所で就労している者が, 各事業所で被保険者要件を満
たす場合には, 被保険者は, いずれかの事業所の管轄の年金事務所および
医療保険者を選択し, 当該選択された年金事務所および医療保険者におい
て各事業所の報酬月額を合算して標準報酬月額を算定し, 保険料を決定し
ます。そのうえで各事業主は, 被保険者に支払う報酬の額により案分した
保険料を, 選択した年金事務所に納付（健康保険の場合, 選択した医療保
険者等に納付）することとなります。

(4) 企業が副業・兼業者を受け入れる場合のポイントと留意点

1) 雇用契約により副業人材を受け入れる場合（図表1「C」の場合）

副業・兼業者（以下, 副業人材）の安全に配慮し, **競業避止義務違反**が
生じない等の対応が必要となるので, 副業の状況について把握しておく必

要があります。

　このケースでは，自社が後に雇用契約を締結した会社となり，労働時間の通算を行う必要が生じるため，副業の内容や状況の把握等の対応を行うようにしましょう。本業をもつ副業人材を採用する場合は，本業先に副業を申告することを求めておくとよいでしょう。

2）業務委託契約等により副業人材を受け入れる場合（図表1「D」の場合）

　労働基準法上の労働者に該当しない実態であると理解しておく必要があります（実質的に指揮命令を受けて業務に従事している場合は，契約が業務委託契約等であっても雇用に該当し，労働関連法令が適用されます）。**独占禁止法**や**下請法**に抵触しない（優越的地位の濫用に該当する行為を行ってはならないこと，契約内容について記載した書面を作成・交付・保存する義務を履行すること等）ように注意しましょう。

3）副業人材の受入れ態勢の整備

　副業人材に仕事を依頼する際は，自社が目指しているビジョンや依頼するうえでの期待値もしっかり伝えることが重要であり，ミスマッチを防ぐポイントとなります。同時に，自社の社員にも副業人材の活用への理解を促し，受入れ態勢を整えておくことが必要です。

　また，副業人材とのコミュニケーション頻度が低く，情報格差があると，疎外感や孤立感を感じてしまい，受け身になることや意見共有の減少も考えられます。このような事態を避け，副業人材をうまく活用するためにも，副業人材と正社員との線引きはせず，オープンなコミュニケーション体制を構築しましょう。

プロフィール--

田代英治（たしろ・えいじ）　　1985年，神戸大学経営学部卒。同年，川崎汽船株式会社入社。人事部にて人事制度・教育体系の改革を推進。2006年，株式会社田代コンサルティングを設立し，現在に至る。人事労務分野に強く，人事制度の構築・運用をはじめとして人材教育にも取り組んでいる。主な著作に，『はじめての人事社員の実務と心得』（経営書院），『人事部ガイド』（労働開発研究会）等がある。

テレワーク下で求められる職場の
メンタルヘルス対策

ゲートウェイコンサルティング　代表取締役／精神科医・産業医　　**吉野　聡**

1　テレワーク特有のストレス
2　テレワークにおけるメンタルヘルス対策
3　テレワーク時代のメンタルヘルスの展望

　テレワークが進むなか，不眠や意欲減退を主訴とした受診依頼が増加している印象を受けます。仕事や周囲との関係で悩む新入社員，新入社員や若手社員の育成に悩んでいる管理職や先輩社員，仕事・組織への帰属意識や一体感に不安を抱えているビジネスパーソン等に対して，どのようなメンタルヘルス対策が求められているのでしょうか。

> ### 🖐 Point
>
> ● テレワークの普及により，仕事とプライベートの分離の困難，コミュニケーションの不足，勘違いや思い込みによる不安などのストレスを感じる人が増えている。
>
> ● こうしたストレスへの対処としては，セルフケアでは，自分なりの新しいルーティンやON-OFFの切替え，意識して身体活動を行うことなど，ラインケアとしては，オンラインのなかで雑談を入れたり，連絡を取りやすい状況をつくるほか，部下を信じることで良好な関係を築いていくことなどがある。
>
> ● 今後は経営の視点から，個人の「ヘルスリテラシー」を高めるとともに，「ストレス対処が上手にできる人材を育成する」「ストレスを前向きな推進力に活用できる組織をつくる」といった視点が求められる。

　2019年に発生した新型コロナウイルスの世界的大流行という非常事態において，日本でもこの2年間で急速に多くの職場でテレワーク（出社をせずに，自宅などで仕事をする働き方に関しては，リモートワーク，在宅勤務などさまざまな名称が付されていますが，本稿ではテレワークという用語で統一します）が導入されるようになりました。

　当初は，緊急事態宣言の発出などにより，オフィスに出社する人員を削減することが求められるなかで緊急避難的にはじまったテレワークですが，この2年の間で，新しい働き方として，社会にすっかり定着しました。おそらく，新型コロナウイルスの流行が完全に収束したとしても，多くの労働者が，毎朝満員電車に揺られて出勤するような，新型コロナウイルス流行以前の働き方に戻ることはないと思われます。完全テレワークの会社（つまりはまったく出社が求められない会社）を積極的に選択する労働者も多くみられるようになってきましたし，テレワークを前提に郊外や地方に生活拠点を移す労働者も少なくありません。

　しかし，産業医として多くの労働者の声を聞いていると，完全テレワー

クを望んでいる労働者の割合はそれほどおらず，「毎日出社するのはしんどいけど，週に2，3回は出社したい」と考えている労働者の割合が最も多いように思います。おそらく，新型コロナウイルス流行下で，初めてテレワークを行ったとき，最初の数日から数週間は，「毎日の通勤ラッシュから逃れられるなんて最高だ」「通勤時間もなくなってプライベートな時間が増えるし，嫌な上司の顔も見なくていいし，ずっとテレワークがいい」などと感じた労働者も，出社ができない日が続くと，「やっぱり，たまには出社したい」，人によっては，「毎日出社したい」と思うように変化していったのです。そこには，やはりテレワークならではのストレスが存在するからでしょう。

　私は精神科医として日々，精神科医療に従事をしていますが，実際に，テレワークを中心としているなかで労働者からの不眠や意欲減退を主訴とした受診依頼が増加している印象を受けます。

　テレワークは，上手に活用することで，通勤負荷の軽減やワークライフバランスの保持など，メリットを生み出すことも事実なのですが，その一方で，テレワークに特有なストレスやその対策を十分に理解したうえで活用しないと，メンタルヘルス上のトラブルを抱えてしまうことも理解して

図表1　テレワークのメリット・デメリット

	従業員	事業者
メリット	・ワークライフバランスが向上する ・通勤がなく時間的・身体的負荷が軽減される ・実務に集中できる環境が確保しやすい（個人が使い慣れている機器や備品） ・育児や介護との両立が可能となる	・労働生産性の向上が期待できる ・オフィス関連コストが削減できる ・人間関係のトラブルが低下する
デメリット	・仕事とプライベートの区分が難しい ・帰属意識の低下を招くことがある ・モチベーションの維持が難しい ・運動不足になりやすい ・疎外感，適応への困難，昼夜逆転などのメンタルヘルス不全を誘発することがある ・業務に集中できる環境が確保しにくい（椅子，机，照明，静寂などが不十分）	・労務管理が難しい ・双方向の意思疎通が低下しやすい ・情報漏洩リスクが増える可能性がある ・教育育成，業務評価などが難しい ・労働生産性が低下することがある

資料出所：「職域のための新型コロナウイルス感染症対策ガイド」より一部改変。

おく必要があります（**図表１**）。

　本稿では，テレワークが進むなか，仕事や周囲との関係で悩む新入社員や，そんな新入社員や若手社員の育成に悩んでいる管理職や先輩社員，仕事・組織への帰属意識や一体感に不安を抱えているビジネスパーソンに対して求められるメンタルヘルス対策についてお伝えしていきたいと思います。

1　テレワーク特有のストレス

テレワークによるストレスとしては，以下のようなものが考えられます。

(1)　生活の枠組みの喪失

　テレワークによって通勤がなくなると，通勤時にはあたり前であった，会社の就業時間に合わせた起床や朝食，通勤電車に間に合うように自宅を出るなど，日課としてほぼ固定されていた時間的な枠組みがなくなります。また，テレワークになると，同僚と昼食に出かけたり，仲間と一緒に休憩室でお弁当を食べたりということがなくなるため，仕事から離れてしっかりと休憩するといったリフレッシュの時間が奪われ，食事のリズムも乱れがちになります。このような睡眠・覚醒リズムや食生活の乱れ，さらには休憩時間の減少などが，メンタルヘルス不調を引き起こすリスクとなります。

(2)　仕事とプライベートの分離の困難

　テレワークでは，仕事をする場所とプライベートの時間を過ごす場所がほぼ同じになります。そのため，職場では仕事に集中し，家ではリラックスした時間を過ごすといった仕事とプライベートのON-OFFモードの気持ちの切り替えが難しくなります。

　本来であれば，家でゆっくりと寛いでよい時間なのに，仕事に追われている感覚に陥ったり，逆に仕事に集中しなければならない時間なのに，さまざまなことに気が散って集中して働くことが難しくなってしまったり

と，通勤時とは異なるストレスが発生します。

(3)　職務効率の変化と労働時間の増加

自宅では労働環境の影響で仕事に集中しにくかったり，機材（PCのスペックやプリンターの有無など）や紙媒体の資料の関係などで，職務効率が低下したりし，その結果として，同じ仕事量をこなすのに労働時間が増えてしまう労働者もいます。また，電話応対や人に話しかけられることがない分，仕事にのめり込みすぎてしまい，労働時間が長くなる労働者や，上司の目や終電時間などの制約がなくなることから，夜遅くまで仕事をしてしまうということも少なくありません。

テレワークで通勤時間が減っても，プライベートな時間が増えるどころか，その分，労働時間が増えてしまうといった現象もみられており，これもテレワークに伴うストレスとなります。

(4)　コミュニケーションの不足

テレワークでは，わからないことがあっても周囲に気軽に聞ける人がいないため，ちょっとしたやりとりにもメールで文面をつくったり，時にはそれが面倒になって，わからないまま放置してしまい大事になったりと，コミュニケーションの煩雑に由来するストレスが生じやすくなります。

コミュニケーション不足に陥って，次第に組織としての一体感や目標が失われてしまうなど，より一層深刻な問題を招くことも少なくありません。

(5)　勘違いや思い込みによる不安

テレワークでは，周りの労働者の様子を直接確認することができないため，現実を客観的にとらえることができず，自分の勘違いや思い込みから不安感が高まり，被害妄想的にネガティブにとらえてしまう傾向があります。

例えば，研修を受講して内容がよく理解できず，「私だけ理解できていないんじゃないか，どうしよう」と焦りや不安を感じるような場面です。顔を合わせて仕事をしていれば，研修終了後に仲間同士で「今日の研修，

難しくてよくわからなかった」「私も！」などと雑談するなかで焦りや不安は解消されていくものです。しかし，オンライン研修となるとこれができません。

　このように，お互いの様子がわかりにくいテレワークでは，幻想ストレスや被害妄想的認知が発生しやすいので，注意が必要です。

2　テレワークにおけるメンタルヘルス対策

　「労働者の心の健康の保持増進のための指針」 DL11 （厚労省）では，職場におけるメンタルヘルス対策として，「4つのケア」を継続的かつ計画的に行うことが重要とされています。4つのケアとは，以下のケアを指します。
・セルフケア：労働者本人がストレスに対する理解を深め，個人的に実施するケア
・ラインによるケア：職場の管理監督者による，従業員に対して行うケア
・事業場内産業保健スタッフ等によるケア：産業医や保健師などの専門職が行うケア
・事業場外資源によるケア：外部の専門機関（医療機関や相談機関など）を活用したケア
　当然，テレワークにおけるメンタルヘルス対策においても，この4つのケアを意識して取り組むことが重要ですが，本稿では誌面の都合で，人事や教育担当の方に最も関連すると思われる「セルフケア」と「ラインケア」について，具体的な内容を説明していきます。

(1)　セルフケア

　前述のようなテレワーク特有のストレスがあることを前提に，労働者が自分自身で実施するセルフケアについては，以下のような取組みが有効です。

1）新しいルーティンの確立

　テレワークになると始業時間直前まで寝ていることができてしまうため，遅寝遅起きの生活習慣にシフトしてしまう人もいます。人間の体内時計は1日24時間よりも若干長めにセットされており，最初に太陽光を浴びる時間や朝食をとる時間，身体活動を始める時間などを一定化させることで，体内時計のずれが補正され，夜の睡眠などにも好影響を及ぼすことが知られています。

　規則正しい生活は，生体リズムや自律神経のバランスを整え，睡眠や食欲などのメンタルヘルスに関連した行動にも好影響を及ぼすだけでなく，生活のなかに枠組みを構築し，自分で自分をコントロールできているという意識を得やすくするため，不安が軽減する効果も期待されます。

　出勤とテレワークが入り混じる勤務形態の労働者の場合，テレワークの日も原則として出勤日に合わせた生活リズムで生活することが望ましく，平日は毎日同じ時間に起きて，朝食を食べ，家を出て日光を浴びるといったルーティンを確立するとよいでしょう。テレワークが大半の場合には，テレワークでの生活リズムを前提に，就寝時間と起床時間があまり遅くなり過ぎない範囲で一定化することが適切です。

2）ON-OFFの切替え

　テレワークの「いつでも，どこでも仕事ができる」というメリットは，「いつでも，どこでも仕事に追われる」という新たなストレスも生み出します。仕事は書斎で，プライベートな時間はリビングでというように，それぞれの空間を分けることでON-OFFのメリハリをつけるようにするとよいでしょう。それが難しい場合には，せめて，寝室ではできる限り仕事をしないように意識しましょう。

　また，自宅では，電車の時間や周囲の目を気にせずに仕事をすることが可能になるため，ダラダラと遅い時間まで仕事を続けてしまう労働者が少なくありません。しかし，睡眠時間を削るような長時間労働が行われては，メンタルヘルスに悪影響を及ぼすことはいうまでもありません。「仕事を

するのは，どんなに遅くても22時まで」「夕食後はパソコンを開かない」など，仕事からしっかりと離れる時間を自分なりに意識することが大切です。

　また，運動するときにウォーミングアップやクールダウンが必要なように，仕事でもON-OFFの切替えのための時間は重要です。ウォーミングアップとしては，仕事をするための準備（ナイトウェアからの更衣，髪型や化粧などの整容行為など）や軽い身体活動（通勤に相当するような散歩など），社会情報の収集（新聞やインターネット記事の閲覧など）を行ったり，クールダウンとしては，更衣や軽い身体活動，好きな音楽を聴く，本を読む，何も考えずにぼーっとするといった，1人でホッと息のつける時間を30分程度設けることが有効です。通勤時の過ごし方を参考に，自分なりの「切替え」を意識してみましょう。

3）コミュニケーションの場をつくる

　物理的な距離が遠くなればなるほど，コミュニケーションの頻度が減ることは，社会心理学的な法則としてよく知られています。オフィスで一緒に仕事をしていたときにはいつも会話をしていたような人たちでも，顔を合わせることがなくなると，コミュニケーションの頻度は少なくなってしまいます。

　人は，不安や悩みを誰かに話すことによって自分の頭の中を整理し，落ち着きを取り戻したり，問題に対する具体的な対処方法を考えたりすることができます。コミュニケーションの頻度が少なくなると，これができなくなってしまい，メンタルヘルスにも悪影響を及ぼします。テレワークにおいては，業務的な打合せ以外にも意図的にコミュニケーションの場を設け，今抱えている感情などを吐き出す機会を自らつくっていくことも大切です。

4）身体的な健康管理

　テレワークが普及すると身体活動量が大きく減少することが懸念されます。通勤時には，最寄り駅まで歩いたり，駅の階段を昇り降りしたり，昼

休みにランチに出かけるなど，身体活動を確保する機会が定期的にありますが，テレワークでは，通勤がなくなり，昼食も自宅ですませる人がほとんどで，自然と身体を動かす機会が減ってしまいます。

身体活動や運動がメンタルヘルスや生活の質の改善に効果をもたらすことはよく知られており，一定強度の運動には，抗うつ効果や抗不安効果があることから，海外などではうつ病の治療に運動療法が行われることもあります。スマートフォンの万歩計機能などを使って，テレワーク時でも通勤時と同程度の身体活動を行うように意識しましょう。

また，酒やタバコなどの嗜好品についても注意が必要です。習慣飲酒者（週に3日以上，1日1合以上の飲酒をする人）は，通勤時間がなくなった分，早い時間から夜遅くまで飲酒ができるほか，自宅では飲食店で飲むより安上がりなため，飲酒量が増えることが心配されます。タバコに関しても，オフィスでは喫煙所以外で，また休憩時間以外での喫煙を禁止している事業所がほとんどですが，テレワークでは自宅でいつでも喫煙できるようになり，喫煙本数が増えることにも注意が必要です。

このほか，自宅だと身近に食べ物があるために間食の量・回数が増えたり，会社帰りに寄っていたスポーツジムにわざわざ出かけるのが面倒で運動頻度が減ったりと，テレワークによる生活習慣の変化で身体的な健康を損なうような事例も多くみられます。身体的な不調感や倦怠感などはメンタルヘルスにも悪影響を及ぼすので，身体的な健康管理にも十分に気を配ることが大切です。

(2) ラインケア

職場で直接部下の顔を見ることができないテレワークにおいては，管理監督者によるラインケアも出勤時とは異なる対応や工夫が必要になります（**図表2**）。

1) 目的に応じたコミュニケーション手段の選択

テレワークの際のコミュニケーション手段はさまざまありますが，目的に応じた手段を適切に選択することは，テレワークを円滑に進めるうえで

図表2　ラインケアでの対応・工夫

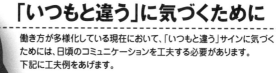

資料出所：筆者作成

とても重要な要素となります。

　一般的に，対面→オンライン会議システム→電話→メール→チャットの順で手軽さが増しますが，手軽で間接性が高い手段ほど，相手の都合を気にしなくなり，配慮に欠け，攻撃性が高まる傾向があります。また，コミュニケーションにおいては，態度やしぐさなどの非言語情報も重要です。文字に残るよさ（間違いが減る）と難しさ（相手の解釈次第）を意識することも求められます。このように，同じコミュニケーションといっても，目的や内容によって適切な手段を選択する必要があり，それを誤るとミスコミュニケーションが発生しやすくなります。

　一般的には，非言語情報が重要な役割を果たす内容（感情・評価・期待の伝達や相談）に関しては，できるだけ対面でのコミュニケーションが望ましいとされています。言語情報が重要な役割を果たす内容（報告，連絡，確認，伝聞など）に関しては，文字ベースの情報のやり取りにアドバンテージがあると考えられています。

2）雑談も大切に

　オンラインでのコミュニケーションは，どうしても目的志向の会話にな

りがちです。「○時○分から○○について打ち合わせ」といった形でスケジューリングがなされた場では，「最近，どう？」「うまくやれてる？」などといった他愛もない声掛けからお互いの近況や悩みごとなどをざっくばらんに語り合うようなことはなかなかできません。しかし，「雑談」は，仲間の些細な変化やSOSのサインに気がつくために大切なものでもあります。少し仕事から離れて，最近の状況などを聞きながら，何か困りごとはないか，部下やチームメンバーの様子を確認する機会を確保することは，管理監督者の重要な役割です。

３）連絡を取りやすい状況をつくる

「わからないことはいつでも聞くように言っておいたのに，何も連絡がなかったから，てっきり何も困りごとがないのかと思っていた」という管理監督者の声をよく耳にします。テレワークでは，相手が見えるところにいないため，声をかけるタイミングを見計らうことは困難です。ましてや上司が忙しいことを承知している部下が，あらたまって連絡を取るのは，決して容易なことではありません。

管理監督者は，「何かあればいつでも」ではなく，例えば，「今日は○時から○時までは，○○さんからの問い合わせタイムとして空けてあるから，何でも聞いてね」といった具合いに，連絡をしてもよい時間などを具体的に示し，部下が連絡をしやすくなるような工夫をすることも求められます。

４）部下やチームメンバーを信頼する

テレワーク中でも多くの労働者は真面目に働くものですが，一方で，残念ながら自宅という環境に甘え，サボってしまう労働者が一定数いることも事実です。ただ，テレワークでサボる労働者は，オフィスでも無駄話やネットサーフィンばかりで仕事に集中していないなど，たいした成果を出していないことが多く，決してテレワーク特有の問題ではありません。

適切な業務報告を行い，期待する成果を出していることが前提とはなりますが，テレワークにおいては，部下やチームメンバーを信頼することが，

メンタルヘルスを良好に保つことに直結します。労働者にとっては，常時行動を監視されるストレスが軽減されることはもちろん，それ以上に，「自分は上司から信頼されている。この信頼を裏切らないように，一生懸命仕事に取り組もう！」という心理的報酬がメンタルヘルスに好影響を及ぼします。

5）管理監督者の役割をより一層明確に

テレワークでは，個々の姿が見えにくいため，問題点・疑問点の解消や，業務全体の進捗管理，さらには職場としての一体感の醸成が困難になります。これに対応するために，管理監督者が全体の取りまとめ役として果たす役割はますます大きくなる一方です。個人の役割を見直さなければ，管理監督者に過大な負担がかかってしまいます。そこでは，作業レベルの仕事は一般社員に吸収してもらい，管理監督者は全体の調整や取りまとめに専念するといった，テレワークを意識した役割の明確化が重要となります。

また，実際にテレワークになじまない業務を無理やりテレワークでやろうとしても，かえって大きなストレスを生み出すことになってしまいます。仕事の指示をする際も，テレワークで問題がないのか，出社を促す必要があるのかといった見極めは，管理監督者の重要な役割です。

3　テレワーク時代のメンタルヘルスの展望

今やテレワークは，新しい働き方の選択肢として認知されるものとなりました。組織の目標達成のために，どのような働き方が組織を活性化させ，労働者のモチベーションや健康度を高めるのか，またそれにより業務効率や生産性はどう変わるのかなどを総合的に考慮して，組織としての最適な働き方を模索していくなかでの1つの貴重な選択肢ととらえるのが適切でしょう。働き方の柔軟性や多様性は，より重要なものとなってくると思われます。当然，「その職場でどのような働き方ができるのか」は，労働者のメンタルヘルスに大きな影響を及ぼすことになると考えられます。

最後に，テレワーク時代に求められる企業の取組みについて述べておきたいと思います。

(1)　自律的なヘルスリテラシー向上を目指した取組みへ

これまで，「職場の労働安全衛生」というと，二次予防（メンタルヘルス不調の早期発見と適切な対応），三次予防（職場復帰支援）を中心とした，事例に対する早期発見や適切な対応など，どちらかといえば職場主導でさまざまな事象を管理していくスタイルが一般的でした。しかし，今回のような世の中が急変するといった事態に遭遇したとき，このような手法はほとんど適切に機能しないことが明らかとなりました。

重要なのはむしろ，自分が入手した情報の出所や信頼性などを見極めながら，その情報を適切に理解し，自分なりに評価をしたうえで，その場に応じて自分に必要な行動を選択していく能力を養うことだと実感された人も少なくないと思います。健康に関するこのような能力のことを，「ヘルスリテラシー」と呼びます。このヘルスリテラシーは，「健康を決める力」として，近年，その重要性が認識されはじめています。

メンタルヘルスに関連する職場環境や働き方なども多様化していくなかで，これまでの管理型のメンタルヘルス対策がうまく機能しない場面もみられるようになってきています。今後のメンタルヘルス対策は，単に職場がメンタルヘルスに対する知識を提供するだけではなく，労働者が自分自身で健康な情報にアクセスし，その情報を吟味しながら必要なアクションがとれるよう，ヘルスリテラシーを高めるための教育が重要となってくるでしょう。

(2)　人材育成や組織開発の視点を交えたメンタルヘルス対策の重要性

テレワークの導入が急速に進み，それに伴う多くの変化にさまざまな戸惑いを感じた労働者がほとんどだったのではないでしょうか。このような変化への対応がうまく進まずに，メンタルヘルスの問題を抱えてしまう労働者は少なくありません。

　実は，「急激な変化への対応」という課題は，テレワークという1つの事象にとどまるものではありません。ビジネスシーンにおいても，変化のなかにあって柔軟な対応をすること，はじめて取り組む仕事に対して湧き出てくる不安をコントロールすることは，労働者のメンタルヘルス上重要なだけでなく，時にそのビジネスの成功・不成功の分水嶺となることもあります。

　これまでの職場におけるメンタルヘルス対策は，健康の保持増進施策の一環として，「ストレスを軽減する」「メンタルヘルス不調の労働者を減らす」という視点で論じられることがほとんどでした。しかし，今後は「経営」の視点からメンタルヘルス対策を考えることが求められるようになると考えます。「ストレス対処が上手にできる人材を育てる」という人材育成，「ストレスを前向きな推進力として活用できる組織をつくる」という組織開発の視点も加えながら，メンタルヘルス対策を推進していく新たな時代に突入していくのではないでしょうか。

プロフィール---

吉野　聡（よしの・さとし）　　1978年神奈川県生まれ。新宿ゲートウェイクリニック院長，ゲートウェイコンサルティング株式会社代表取締役，株式会社ヒューマニーズ代表取締役社長。精神科医（精神保健指定医，精神科専門医）・労働衛生コンサルタント。労働者のメンタルヘルス対策とその関連法規が専門。多くの職場で予防的メンタルヘルス活動と困難事例への実践的対応に取り組んでいる。著書は『「職場のメンタルヘルス」を強化する』（ダイヤモンド社）など多数。

「男女の賃金の差異」
開示義務化対応のポイント

第一芙蓉法律事務所　弁護士　**小鍛冶　広道**

　女性活躍推進法にかかる制度改正により，2022年7月8日から常用労働者数301人以上の一般事業主にかかる男女の賃金差異の公表義務が課せられました。
　公表の有無に関する罰則はありませんが，労働局による助言，指導，勧告の対象となる可能性はあります。一方で，公表結果が独り歩きしてしまう危険性も考えられます。公表に際して，どのような点に留意したらよいのでしょうか。

> 🖋 **Point**
>
> ◉ 「男女の賃金の差異」を機械的に算出すると，差異が見せかけ上大きくなってしまうことが考えられる。
> ◉ 求職者その他のステークホルダーに誤解を生じさせないためには，任意に追加的な情報公表を行うという方法がある。
> ◉ 追加情報は時系列による変化を示すことで，女性活躍推進に向けた取組みを説明することもできる。

1 「男女の賃金の差異」開示義務化の概要

　女性活躍推進法は，常時雇用する労働者が100人を超える一般事業主に対し，「一般事業主行動計画」の策定・届出・周知・公表を義務づけていると共に（同法8条），女性の職業生活における活躍に関する情報の公表を義務づけています（同法20条）。これら義務の対象事業主が「常時雇用する労働者数が300人を超える一般事業主」から「常時雇用する労働者数が100人を超える一般事業主」に拡大されたのは2022年4月1日からのことですので，中小企業を中心に対応に苦労されたはずです。

　このような状況下，「新しい資本主義のグランドデザイン及び実行計画」（令和4年6月7日閣議決定）**DL12**においては，「正規・非正規雇用の日本の労働者の男女間賃金格差は，他の先進国と比較して大きい」こと，および「日本の女性のパートタイム労働者比率は高い」ことが確認されたうえ，「男女間賃金格差の是正等を通じた経済的自立等，横断的に女性活躍の基盤を強化することで，日本経済・社会の多様性を担保し，イノベーションにつなげていくことも重要である」との見地から，「男女間の賃金の差異について，…女性活躍推進法に基づき，開示の義務化を行う」ことが掲げられました。

　そして，これを受けて一般事業主行動計画等に関する省令および事業主

行動計画策定指針が改正されたことにより，2022年7月8日（改正施行日）より，常時雇用する労働者が300人を超える一般事業主については，同法20条に基づく情報公表の義務の一環として，「男女の賃金の差異」の開示が義務づけられることになりました。

　具体的には，これまで常時雇用する労働者が300人を超える一般事業主は，同法20条に基づき，①「その雇用し，又は雇用しようとする女性労働者に対する職業生活に関する機会の提供に関する実績」に関する8項目（省令19条1項1号イ〜チ），および②「その雇用する労働者の職業生活と家庭生活の両立に資する雇用環境の整備に関する実績」に関する7項目（省令19条1項2号イ〜ト）から，それぞれ1項目以上を選択して公表することが義務づけられていたのですが，今般の改正により，上記①の9項目目として「その雇用する労働者の男女の賃金の差異」が追加され（省令19条1項1号リ），上記①に関する公表については，「その雇用する労働者の男女の賃金の差異」を含む2項目について行わなければならない，とされたものです（**図表1，2**）。

図表1　法20条に基づく情報公表項目（省令19条1項）

①女性労働者に対する職業生活に関する機会の提供に関する実績（省令19条1項1号イ〜リ）	②職業生活と家庭生活の両立に資する雇用環境の整備に関する実績（省令19条1項2号イ〜ト）
イ　採用した労働者に占める女性労働者の割合	イ　男女の平均継続勤務年数の差異
ロ　男女別の採用における競争倍率	ロ　10事業年度前及びその前後の事業年度に採用された労働者の男女別の継続雇用割合
ハ　労働者に占める女性労働者の割合	ハ　男女の育児休業取得率
ニ　係長級にある者に占める女性労働者の割合	ニ　労働者の1月当たり平均時間外・休日労働時間数
ホ　管理職に占める女性労働者の割合	ホ　雇用管理区分ごとの労働者の1月当たり平均時間外・休日労働時間数
ヘ　役員に占める女性の割合	ヘ　有給休暇取得率
ト　男女別の職種又は雇用形態の転換実績	ト　雇用管理区分ごとの有給休暇取得率
チ　男女別の再雇用又は中途採用の実績	
リ　男女の賃金の差異【新設】	

図表2　一般事業主の情報公表義務（法20条）の具体的内容

	改正前	改正後
常時雇用する労働者の数が300人を超える一般事業主	2項目以上の公表（義務）：①の8項目及び②の7項目から各1項目以上を選択	3項目以上の公表（義務）：「男女の賃金の差異」は必須項目。加えて、①の他8項目及び②の7項目から各1項目以上を選択
常時雇用する労働者の数が101人以上300人以下の一般事業主	1項目以上の公表（義務）：①及び②の合計15項目から1項目以上を選択	1項目以上の公表（義務）：①（「男女の賃金の差異」を含む9項目）及び②の合計16項目から1項目以上を選択
常時雇用する労働者の数が100人以下の一般事業主	1項目以上の公表（努力義務）：①及び②の合計15項目から1項目以上を選択	1項目以上の公表（努力義務）：①（「男女の賃金の差異」を含む9項目）及び②の合計16項目から1項目以上を選択

資料出所：通達「男女の賃金の差異の算出及び公表の方法について」[2]より抜粋

2 「男女の賃金の差異」の算出・公表のポイント

　女性活躍推進法施行通達[1]において，「男女の賃金の差異」については通達「男女の賃金の差異の算出及び公表の方法について」[2] DL13 （以下，男女賃金差異算定方法通達）に定める方法によって算出・公表することが求められていますので，以下においてそのポイントをあげておきます。

　なお，算出・公表の具体的イメージについては，厚労省ホームページにて公表されている解説資料「男女の賃金の差異の算出及び公表の方法について（解説資料）」 DL14 （2022年7月8日掲載・同年12月28日更新，以下，「解説資料」と表記）がわかりやすいと思われるほか，厚労省はホームページ上において「女性活躍推進法に基づく『男女の賃金の差異』の公表等における解釈事項について（法第20条・省令第19条等関係）」 DL15

1．平27.10.28職発1028第2号・雇児発1028第5号，最終改正：令4.7.8雇均発0708第1号

2．令4.7.8雇均発0708第2号，最終改正：令4.12.28雇均発1228第1号

（2022年9月15日公表・同年12月28日改訂。以下，Q&A）も公表していますので，これら資料も適宜参照してください。

【POINT1：算出・公表の区分／対象労働者の範囲】

「男女の賃金の差異」の算出・公表については，「正規雇用労働者」「非正規雇用労働者」「全労働者」の3つの区分により算出・公表しなければなりません。

「正規雇用労働者」とは「無期フルタイム労働者＋短時間正社員」を，「非正規雇用労働者」とはパート・有期雇用労働者（パート・有期雇用労働者法2条。短時間正社員除く）を指します（男女賃金差異算定方法通達第2．(3)および第3．(1)，Q&A問4）。

また，Q&Aにおいては，出向者・海外赴任者・休業中の者・事業年度途中での入社者・退社者・雇用形態転換者の取扱い（対象労働者に含めるか）については各事業主の判断による旨，他方，育児・介護による短時間勤務等の適用対象者については対象労働者に加えなければならない旨が記載されています（問11～18）。

【POINT2：男女の賃金の差異の定義／算出方法】

算出・公表すべき「男女の賃金の差異」とは，「男性労働者の賃金の平均に対する女性労働者の賃金の平均を割合（％）で示したもの」をいい，その算出方法は以下の①②のとおりとされています（男女賃金差異算定方法通達第3．(3)および第4．(1)）。

① 賃金台帳，源泉徴収簿等を基に，「正規雇用労働者」「非正規雇用労働者」「全労働者」それぞれの区分について，男女別に，
・原則として直近の事業年度の賃金総額を計算し，
・当該事業年度に雇用したそれぞれの区分の労働者数（人員数）で除することにより，平均年間賃金を算出する
② その上で，「正規雇用労働者」「非正規雇用労働者」「全労働者」それぞれについて，女性の平均年間賃金を男性の平均年間賃金で除して100を乗じて得た数値（％）を「男女の賃金の差異」とする。当該数値は，小数点第2位を四捨五入し，小数点第1位までのものとする。

　なお，上記に言う「賃金」は労基法11条所定の「賃金」を意味しますが，退職手当や通勤手当等（経費の実費弁償的な性格をもつ賃金）については，各事業主の判断により算定対象から除外しても構わないとされています（男女賃金差異算定方法通達第3．(2)およびQ&A問19〜27）。

【POINT3：人員数（分母）について】

　上記①の計算（平均年間賃金の計算）において分母となる「人員数」については，法令において具体的な算定方法が定められているわけではなく，男女賃金差異算定方法通達においては，以下の点が「重要である」旨が示されているにとどまります。

> ・男女で異なる考え方をしないこと
> ・初回の公表以降，将来に向かって繰り返し行う公表を通じて一貫性ある方法を採用すること
> ・人員数の考え方を変更する必要が生じた場合は，人員数の考え方を変更した旨及び変更した理由を明らかにすること

　そのうえで，同通達においては，以下の点が示されています（男女賃金差異算定方法通達第4．(2)）。

> ・「人員数の数え方の1つの方法」として，一の事業年度の期首から期末までの連続する12カ月の特定の日（給与支払日，月の末日その他）の労働者の人数の平均を用いることが考えられること
> ・パート労働者について，正規雇用労働者の所定労働時間等を参考として，人員数を換算しても差し支えないが，当該換算を行った場合は，労働時間を基に換算している旨を重要事項として注記する必要があること（後述）[3]

　また，Q&A問16・17においては，「人員数」の算定に関し，上記の方法（12カ月平均）のほかに，「一の事業年度を通じて季節による労働者数及び男女比の変動がほとんど見られないという事業主」については「事業年度の特定の日（例えば，事業年度の末日や年央の月の末日）において雇用している労働者数」を「人員数」として用いることも考えられる旨が示され

3．具体的な換算の考え方については，厚労省解説資料の27頁をご参照ください。なお，Q&A問31においては，非正規雇用労働者（パートタイム労働者）だけでなく，正規雇用労働者のうち短時間勤務をしている者（短時間正社員，育児短時間勤務者等）についても，人員数について換算を行っても差し支えない旨が示されています。

ています。

【POINT 4：公表の方法／時期】

「男女の賃金の差異」の公表にあたっては，他の情報公表項目と同様に，厚労省「女性の活躍推進企業データベース」や自社ホームページの利用その他の方法により，求職者等が容易に閲覧できるようにすることが求められています。

公表のイメージは図表3のとおりであり，男女賃金差異算定方法通達においては，「対象期間」については重要事項として必ず注記すべきこと，およびその他算出の前提となった重要な事項（賃金から除外した手当の具体的名称や，正規雇用労働者・非正規雇用労働者について，各事業主における呼称等に即してどのような労働者が該当しているか，等）も注記することが望ましいこと，が記載されています（以上，男女賃金差異算定方法

図表3　男女の賃金の差異の公表例

公表日：2023年4月21日

	男女の賃金の差異 （男性の賃金に対する女性の賃金の割合）
全労働者	80.4%
正社員	80.5%
パート・有期社員	91.5%

対象期間：令和4事業年度（令和4年4月1日から令和5年3月31日まで）
賃金：基本給，超過労働に対する報酬，賞与等を含み，退職手当，通勤手当等を除く。
正社員：出向者については，当社から社外への出向者を除き，他社から当社への出向者を含む。
パート・有期社員：期間工，パートタイマー，嘱託を含み，派遣社員を除く。
　※なお，パート労働者については，フルタイム労働者の所定労働時間（8時間／日）をもとに人員数の換算を行っている。
差異についての補足説明：
　〈正社員〉
　　正社員のうち，最も差異が生じている役職は部長級で，部長級における男女の賃金の差異は71.2%である。また，部長級における女性の割合も8.0%と少なく，部長級への女性登用を計画的に推進していく。
　〈パート・有期社員〉
　　女性よりも男性に相対的に賃金が高い嘱託社員が多いため，格差が生じていると考えられる。
資料出所：厚労省解説資料32頁より抜粋

通達第5．(1)および(2)，Q&A問19・35)。

公表の時期については，「各事業年度終了後おおむね3か月以内」とされていますので，例えば，2023年3月末に事業年度が終了する事業主については，おおむね同年6月末までに「男女の賃金の差異」の初回公表を行うべきことになります（男女賃金差異算定方法通達第5．(3))。

3　「任意の追加的な情報公表」の活用

「男女の賃金の差異」について，上述した男女賃金差異算定方法通達所定の方法により機械的に算出した場合，算出過程において斟酌されない各企業の個別的事情により，差異が見せかけ上大きくなってしまうことが考えられます。

このような場合，求職者その他ステークホルダーに誤解を生ぜしめないようにするため，公表例（図表3）の「差異についての補足説明」欄の記載のように，各事業主が任意に追加的な情報公表を行うことも当然許容されます。

この点に関し，男女賃金差異算定方法通達第6においては，追加的な情報公表の例として，以下の例が示されています。

（例1）自社における男女の賃金の差異の背景事情の説明

例えば，女性活躍推進の観点から女性の新規採用者を増やした結果，前々事業年度と比較して相対的に賃金水準の低い女性労働者が増加し，一時的に女性の平均年間賃金が下がり，結果として前事業年度における男女の賃金の差異が拡大した，といった事情がある場合には，その旨を追加情報として公表する。

なお，この場合においては，当該背景事情の説明に加えて，法に定める情報公表項目の1つである「採用した労働者に占める女性労働者の割合」等の関連する情報を併せて公表することも効果的であると考えられる。

（例2）勤続年数や役職などの属性を揃えた公表

特定の勤続年数や役職について，男女の賃金の差異を算出する，例えば，

・5年ごとの勤続期間（0年以上～5年未満，5年以上～10年未満，10年以上～15年未満，15年以上～20年未満，20年以上～25年未満，25年以上～30年未満，30年以上など）を設定し，各区分に該当する労働者について，男女の賃金の差異を算出する

・あるいは，より簡便な区分として，勤続年数が5年ごとの節目となる年（勤続5年目（5年以上6年未満），10年目，15年目，20年目，25年目，30年目））である労働者について，男女の賃金の差異を算出する

・役職ごと（役職なし，係長級，課長級，部長級等）に，それぞれ該当する労働者について，男女の賃金の差異を算出することにより，勤続年数や役職などの属性を揃えてみた場合，雇用する労働者について，男女の賃金の差異が小さいものであることを追加情報として公表する。

（例3）より詳細な雇用管理区分において算出した数値の公表

正規雇用労働者を更に正社員，職務限定正社員，勤務地限定正社員及び短時間正社員等に区分したうえで，それぞれの区分において男女の賃金の差異を算出し，追加情報として公表する。

この際に，上記（例2）の考え方を組み合わせて，詳細な雇用管理区分ごとに，勤続年数別や役職別の男女の賃金の差異を算出し，追加情報として公表することも考え得る。

（例4）パート・有期労働者に関して，他の方法により算出した数値の公表

契約期間や労働時間が相当程度短い非正規雇用労働者を多数雇用している事業主においては，正規雇用労働者，非正規雇用労働者それぞれの賃金を時給換算し，男女の賃金の差異が小さいものである場合には，当該情報を追加情報とし公表する。

（例5）時系列での情報の公表

　上記（例1）から上記（例4）までの追加情報については，単年度ではなく，時系列で複数年度にわたる変化を示すことにより，事業主において継続的に女性活躍推進に取り組んでいることを説明することも考えられる。

　本問の事例においても，「全労働者」に関する「男女の賃金の差異」の背景事情に関する追加的な情報公表として，例えば，「スーパーマーケットとしての業務の特性上，相対的に賃金水準の低い店舗販売業務従事者（時給制パートタイマー）に女性労働者を多く雇用しているため，『全労働者』に関する『男女の賃金の差異』が計算上大きくなったこと」を公表すること等が考えられるでしょう。

プロフィール --

小鍛冶広道（こかじ・ひろみち）　早稲田大学法学部卒業。1998年弁護士登録（第50期），第一芙蓉法律事務所入所。近時の著作として，「2023年度版就業規則・諸規程等の策定・改定，運用ポイント」（産労総合研究所『労務事情』2023年2月1日号），『新型コロナウイルス影響下の人事労務Q&A』（中央経済社・編著代表）など。

ヤクルトスワローズ・高津監督のマネジメントとリーダーシップ理論

寺崎人財総合研究所　代表取締役　プリンシパルコンサルタント　**寺崎　文勝**

1 最下位から日本一へ　高津監督の3年間の成果
2 組織マネジメントの基本は PM 理論の現代的解釈から
3 「サステナビリティ経営」と「健康経営」の実践
4 「勝ちながら育てる」ことへのこだわり
5 シェアードリーダーシップとティール組織の考え

　テレワークが広がり，働く人の意識も変わってきています。どういうマネジメントが良いの?と悩む管理監督者は多いでしょう。トップを走るマネージャーのマネをしろと言われても，あの会社に学べと言われても，素直にはなれないもの。それでは，少し冷静に見つめられるスポーツ組織ではどうでしょうか。チームで行う縦社会のスポーツ＝日本プロ野球の某チームについて，人事・組織コンサルタントに分析していただきました。専門家はこういう風に見ているのですね。

❶ 高津監督は，古典的な「PM理論」を現代的なアプローチで実践している。

❷ サステナビリティ経営（長期的に勝ち続けられる組織である）のために，健康経営（選手のコンディション重視）を実践したという見方ができる。

❸ 縦社会の野球チームで，メンバー全員がリーダーシップを発揮するように，心理的安全性を担保するコミュニケーションづくりに努めたといえる。

1　最下位から日本一へ　高津監督の3年間の成果

　プロ野球に興味のない，あるいは他球団ファンの読者の方には恐縮ですが，東京ヤクルトスワローズ（以下，スワローズ）が2021年，2022年とセ・リーグ連覇したので，スワローズファンの筆者が，高津臣吾監督の組織マネジメントについての考察を述べたいと思います。お目汚しにしばしおつき合いください。

　昨季のスワローズは，プロ野球史上最年少三冠王となった村上宗隆選手が，プロ野球新記録となる5打席連続本塁打を成し遂げたり，王貞治さんの日本人選手最多記録55本塁打を58年ぶりに塗り替えた56本塁打を最終戦の最終打席で打ったりと派手な活躍が目立ちましたが，振り返れば，コロナ感染で選手が大量離脱するアクシデントもあり，決して順風満帆なシーズンではありませんでした。

　2年連続でオリックス・バファローズとの対戦となった日本シリーズも，残念ながらスワローズの日本一連覇とはなりませんでしたが，高津監督は2年連続でNPB（日本野球機構）の最優秀監督賞を受賞しました（バファローズの中嶋聡監督も同様に受賞しました。機会があれば高津監督と

図表1　リーダーシップ理論の変遷

時代	理論名	実践ポイント
1960年代	**PM 理論** (PM Theory of Leadership)	目標達成と集団維持の両立
1970年代	SL 理論 (Situational Leadership Theory)	部下の成熟度により有効なリーダーシップスタイルは異なる
1980年代	サーバントリーダーシップ (Servant Leadership)	まず相手に奉仕し，その後相手を導く
1990年代	LMX (Leader-Member-Exchange)	リーダーと部下の心理的な交換・契約関係にフォーカス
2000年代	TFL (Transformational Leadership)	ビジョンと啓蒙を重視
2010年代	シェアードリーダーシップ (Shared Leadership)	チーム全員がリーダー
2020年代	オーセンティックリーダーシップ (Authentic Leadership)	自分の価値観，信条，倫理観に従いリーダーシップを発揮する

資料出所：筆者作成

の違いをお話しできればと思います）。

　今でこそ名将とまでいわれるようになった高津監督ですが，就任1年目の2020年シーズンは勝率.373（つまり，すごく弱かった）で，5位に12ゲーム差という，ぶっちぎりの最下位。結果を残すことはできませんでした。もっとも，前季の2019年も，16連敗した挙げ句，5位に18ゲーム差の最下位でした。

　そんなチームを引き継ぎ，オーナーである球団から抜本的な立て直しを3年契約の時間軸で求められていたわけなので，2年目で日本一になったのは望外の成果であったと評価できるでしょう。

　スワローズが2年連続最下位から優勝し，連覇を成し遂げた3年間の軌跡は，高津監督がマネージャー／リーダーとして進化した3年間であったともいえます。本稿では，これをリーダーシップ理論から説明してみたいと思います。

　牽強付会な解釈と思われるかもしれませんが，そこはファンによる贔屓の引き倒し，ということでご容赦ください。

2 組織マネジメントの基本はPM理論の現代的解釈から

　組織（会社／部門／チーム）の目標を達成するために，マネージャーには経営資源のマネジメントを効果的に行うことが求められます。なかでも人的資源（Human Resources）のマネジメントは，重要かつ難易度が高いと指摘されています。組織と人をマネジメントするにあたり，そのエッセンスが集約されているリーダーシップ理論を理解し，実践することは必須であるといえます。

　リーダーシップ理論は，1966年に提唱されたPM理論を起点として今日までアップデートがされています（前頁の**図表1**）。

　高津監督のマネジメントは，古典的ともいえるPM理論を現代的なアプローチで実践している点を，まずは指摘しておきます。

　PM理論とは，目標達成に向けて組織に働きかけ，成果を上げるために発揮されるリーダーシップである「P機能（Performance function：目標達成機能）」と，組織をまとめ成果を継続して出していくための「M機能（Maintenance function：集団維持機能）」に着目し，短期的な成果を出すことはもちろんのこと，中長期的に継続的に成果を上げ続けるためには，P機能とM機能の両方を発揮しなければならないというものです（**図表2**）。

　プロ野球の監督に求められる成果とは，第一義的には優勝にほかならないわけで，そのためには目先の勝利にどうしてもこだわってしまいがちです。スワローズは伝統的に好不調の波が大きい傾向があるチームで，優勝した翌年に下位に沈んだり，開幕直後から好調を続けていたと思ったら16連敗して最下位に終わったりと，継続的に成果をあげ続けることができないチームでした。

　目先の勝利を拾うために選手に肉体的・精神的に無理をさせたり，実績のあるベテランを優先して使うことで若手が育たず，ベテランのパフォーマンスが落ちた時の代わりの選手がいなかったりと，いまでいう「サステ

図表2 PM理論マトリクス

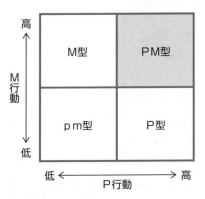

【主なP行動】
・適切な目標設定，計画立案を行う
・業績達成のために指示や進捗管理を行う
・業績達成のために叱咤する
・ルールや規則を守るための指導をする

【主なM行動】
・良好な人間関係をつくるための配慮をする
・チームワークを醸成する
・部下一人ひとりを気づかい，コミュニケーションを図る
・部下の悩みやトラブルを解消する

資料出所：筆者作成

ナビリティ経営」ができていなかったということになります。

　この点，高津監督はM機能を重視してチームのサステナビリティ＝持続可能性を向上させたことを高く評価すべきです。

3　「サステナビリティ経営」と「健康経営」の実践

　まず，高津監督は選手のコンディションに過敏なほどに気を遣い，少しでも肉体的な違和感をもつ選手には休養を与え，焦らずじっくり調整する方針を徹底しました。これは，2021年シーズン当初に中継ぎ投手として大活躍していた近藤弘樹投手が，5月末に上半身のコンディション不良で選手登録を抹消された際に，高津監督が「すごく反省しています。そこ（ケガの前兆）を見て（気づいて）あげられなかったというのは大きな反省」と語った時が転換点となり，昨シーズンはさらに強化されたようです。

　また，他球団が先発ローテーションを中6日と固定し，シーズン終盤の選手の疲労がピークに達した状態で“勝負どころ”として登板間隔を短くするような起用をする一方で，スワローズは選手のコンディションを個別に見たうえで，疲れているようであれば登板間隔を空けるという起用をし

ています。先発だけでなく中継ぎ／抑えの投手も同様に，3連投させない方針も徹底しました。

これは，働き方改革関連法で導入が努力義務化された「勤務間インターバル制度」を，形式的ではなく本質的に実践しているということにほかなりません。

以上のことを鑑みると，サステナビリティ経営の一環として従業員の健康管理を経営的な視点で考え，従業員の活力向上や生産性の向上による業績向上への戦略的取組みである「健康経営」を実践している，といえるのではないでしょうか。

4 「勝ちながら育てる」ことへのこだわり

高津監督は自著『一軍監督の仕事　育った彼らを勝たせたい』（光文社新書，2022年）で「勝ちと育成の二兎を追う」と述べており，インタビューでも「一軍は勝つことに集中すればいいんだと思う。でも，自分としては"育てながら"勝ちにいきたいんですよ」と明言しているように，若手育成を重視していることがわかります。これも，持続的に組織の成果を上げ続けるためには必須のことといえるでしょう。

高津監督1年目の2020年シーズンの開幕戦，青木宣親選手（当時40歳）などのベテラン中心で組んだスタメン選手の平均年齢は32.8歳で，お世辞にも若いチームとはいえませんでした。これが，昨シーズン最も平均年齢が低かった試合では24.6歳と，大幅に若返りを図ることができました。

高卒3年目の長岡選手がシーズンを通してレギュラーの座を守り，高卒2年目の内山壮馬選手が「打てる捕手」として頭角を現すなど，若手の成長が著しかった1年だったと思います（村上選手も高卒5年目で22歳と若いのですが，彼は別格です）。

これら台頭した若手選手も，ベテラン選手と比較すればパフォーマンスは不安定かつ決して高くなく，実績重視で目先の試合を勝ちにいくのであれば，決して起用，すなわち一軍の試合を通して育つことはなかった選手で

す。大卒２年目の中継ぎで55試合に登板して９勝３敗と活躍した木澤尚文投手なんて，１年目秋の２軍戦で15失点というありえない炎上をしました。

　野村克也監督が「野村再生工場」といわれたように，実績のあるベテランを重視する一方，若手は「使えたら使う」くらいの扱いをする対極に，高津監督の育成重視のスタンスがあるのがわかります。

　短期的な成果を上げるために実績があり，計算できる部下を使うのは当然としても，そのような部下が未来永劫実績を上げ続けることはできません。異動や転職でいなくなることも想定しておかなければなりません（村上選手は，スワローズどころか，日本の球界にすらとどめておくことはできないでしょう）。

　「勝ちながら育てる」ことでサステナブルな組織をつくることを心がけたいものです。

5　シェアードリーダーシップとティール組織の考え

(1)　シェアードリーダーシップと心理的安全性

　図表１に示したとおり，リーダーシップ理論は継続的・累積的にアップデートを重ねてきました。古典的なリーダーシップ理論であるPM理論の本質が今なお有効であることに加え，高津監督が現代的なリーダーシップも発揮していることが興味深い点です。

　すべてのリーダーシップ理論を高津監督のケースにあてはめると紙幅が尽きてしまうため割愛しますが，最後に「シェアードリーダーシップ」と「ティール組織」について取りあげたいと思います。

　シェアードリーダーシップとは，独り／特定のリーダーがトップダウンで意思決定して組織を統率するのではなく，組織に属するメンバー全員がリーダーシップを発揮する状態のことをいいます。従来型のリーダーには，リーダーを支えるフォロワー（統率の対象）が存在し，リーダーとフォロワーの関係は固定的でした。しかし，シェアードリーダーシップに

おいては，リーダーとフォロワーの関係性は流動的になります。

　昨季，スワローズは7月に高津監督および主力選手を含む27人が新型コロナウィルス感染による離脱を余儀なくされ，それまでの首位独走から一転し，苦しい試合が続きました。監督が現場で指揮が執れない状況でチームを支えたのが22歳の村上選手だったことは，高津監督がシェアードリーダーシップを醸成した賜物です。

　自分の仕事さえすれば事足りるであろう一選手が，高津監督と電話して「打てないのは全然たいしたことじゃない」けれど，「チームが勝てなくて，なかなかいい状態にならないことがしんどいです」と心情を吐露したことは，まだ若手の村上選手がチームの勝利を自分の責任ととらえていた証です。

　村上選手だけではなく，ベテランの石川雅規選手や青木選手，中堅では山田哲人選手や宮本丈選手といった，チームの勝利のためにリーダーシップを発揮する選手が多いことは，頼もしい限りです。

　縦社会のプロ野球チームは上下関係が厳しく，若手選手が監督に物申すことがはばかられることがまだまだ多いわけですが，シェアードリーダーシップを実現するためには，心理的安全性（psychological safety：組織のなかで自分の考えや気持ちを，誰に対してでも安心して発言できる状態のこと）が担保されていることが必須です。高津監督は意識的にフラットなコミュニケーションをとることで，それを実現しているのです。

(2) ティール組織と進化するマネジメント

　シェアードリーダーシップが浸透した組織の最終進化形は，ティール組織といえるかもしれません。ティール組織とは，経営コンサルタントのフレデリック・ラルーが提唱した組織論であり，マネージャーが管理監督しなくても，組織が有機体としてその目的実現に向けて自律的に行動している組織のことをいいます（**図表3**）。

　高津監督が好んで使う表現の「チーム・スワローズ」は，組織進化論においては，Orange組織からGreen組織に進化を遂げようとしていることを表し，さらなる自律的なTeal組織を目指しているように思われます。

図表3　ティール組織への組織モデルの進化

・個と全体の調和による進化
・パーパス（存在意義）重視

Teal（青緑）組織
進化型

・主体性や多様性の尊重
・家族的な人間関係

Green組織
多元型

Orange組織
達成型

・科学的管理手法
・メリトクラシー/実力主義による処遇

Amber組織
順応型

・厳格な役割の軍隊組織
・明確な指揮命令系統

Red組織
衝動型

・個による支配
・強固な上下関係

分権／集権

支配・ヒエラルキー ←→ 独立・フラット

資料出所：『『ティール組織』（フレデリック・ラルー，英知出版，2018年）をもとに筆者の解釈を加筆作成。

*

　高津監督は3年契約最終年となる2022年，6月というかなり早い段階で，新たに2年間の契約延長が決まりました。スワローズで5年以上の長期政権は，1999～2005年の若松勉監督（野村監督は1990～1998年の9年間でした）以来となります。リーグ2連覇に驕ることなく，自らの成長を求め続ける高津スワローズの今シーズンの活躍を期待して，球春到来を待ちわびています。

　来季の結果がどうであれ，1年後に再び，今回の考察の「答え合わせ」ができればと思っています。

プロフィール--
寺崎文勝（てらさき・ふみかつ）　早稲田大学第一文学部心理学専修（1987年）。事業会社の人事部門，金融系シンクタンク，会計系コンサルティングファーム等を経て2018年に独立。幅広い業種で人事制度構築・人事業務プロセス変革を中心としたコンサルティングを手がけ，関与企業はこれまでに300社を超える。著書『実践人事マネジメント改革』『職務基準の人事制度』『人事マネジメント基礎講座』（労務行政），『キャリアの取説』（日本経済新聞出版社）他多数

令和の採用とその法的留意点

吉村労働再生法律事務所　弁護士　　**吉村　雄二郎**

令和の時代に入り，法改正を含め，企業の採用活動をめぐる環境には大きな変化が見られます。採用にかかわる新たな動きを踏まえ，法的にはどのような点に留意したらよいのでしょうか。

> **👆 Point**
>
> ◉ 求人情報の表示，求職者の個人情報の取扱いに関する改正職安法の規定に留意する
> ◉ リモートワークを前提とした採用に関しては，就業規則の別規程等を整備しておく
> ◉ 試用期間中に心身の不調で出社できない場合でも，本採用拒否は慎重に判断する

1 求人情報の表示に関する法的留意点

2022年10月1日に施行された改正職安法 **DL16** により，求人情報の表示に関しては，以下の点に留意しなければなりません（同法5条の4）。

(1) 的確な表示の義務

企業は労働者の募集を行う際，①求人情報や，②自社に関する情報の的確な表示が義務づけられ，虚偽の表示または誤解を生じさせる表示をしてはなりません。

[虚偽の表示]

以下のような場合は，虚偽の表示に該当する場合があります。

● 実際に募集を行う企業と別の企業の名前で求人を掲載する。
● 「正社員」とうたいながら，実際には「アルバイト・パート」の求人である。
● 実際の賃金より高額な賃金の求人を掲載する。

[誤解を生じさせる表示]

以下のような場合は，誤解を生じさせる表示に該当する場合があります。

● 営業職中心の業務を「事務職」と表示する。
● 固定残業代を採用する場合に，基礎となる労働時間数等を明示せず，

基本給に含めて表示する。

● モデル収入例を，必ず支払われる基本給のように表示する。

(2) 義務対象となる手段

新聞・雑誌・その他の刊行物に掲載する広告，文書の掲出・頒布，書面，ファックス，Webサイト，電子メール・メッセージアプリ・アプリ等，放送（テレビ・ラジオ等），オンデマンド放送等は，(1)の義務の対象となります。

(3) 正確かつ最新の内容に保つ義務

求人企業は，以下の措置を講じるなどして，求人情報を正確・最新の内容に保たなければなりません。

● 募集を終了・内容変更したら，速やかに求人情報の提供を終了・内容を変更する。

例：自社の採用ウェブサイト等の速やかな更新等

● 求人メディア等の募集情報等提供事業者を活用している場合は，募集の終了や内容変更を反映するよう速やかに依頼する。

● いつの時点の求人情報か明らかにする。

例：募集を開始した時点，内容を変更した時点等

● 求人メディア等の募集情報等提供事業者から，求人情報の訂正・変更を依頼された場合には，速やかに対応する。

◆　　　　　◆

Q1　業績悪化による出向や労働条件の変更は？

コロナ禍の影響で仕事量が大幅に減少し，業績も急激に悪化しました。至急立直しを図っていますが，来年入社の新卒社員に担当してもらう仕事を具体的に用意できないため，一時的に他社に出向し，本業とは別の仕事をしてもらうという案が出ています。この案を進めても問題ないでしょうか。また別案として，賃金引下げや労働時間，日数の縮小などの労働条件変更も考えていますが，労働条件通知書を渡した後でも上記措置は可能でしょうか。

> **A**　出向については労働契約上の根拠，労働条件の不利益変更については従業員への説明と同意が必要となります。

　設問の事情によれば，出向の業務上の必要性は認められます。出向規程などによる労働契約上の根拠があれば，出向による不利益に一定の配慮をしたうえで出向を命ずることは可能です。

　これに対し，賃金引下げや労働時間，日数の縮小は，いずれも収入の減少につながる重大な不利益変更に該当します。①労働者の個別同意を得る，②就業規則変更，③労働協約などの方法がありますが，変更の必要性，変更を回避する方法や不利益緩和措置の検討を行い，従業員に説明のうえで同意を得て進めるよう慎重な配慮が必要です。

2　求職者の個人情報に関する新たなルール

　また，改正職安法では，求職者の個人情報に関する新たなルールが設けられています（同法5条の5）。

(1)　業務の目的の明示

　求職者の個人情報を収集する際には，求職者等が一般的かつ合理的に想定できる程度に具体的に，個人情報を収集・使用・保管する業務の目的を明らかにしなくてはなりません。

　例えば，グループ企業の採用選考にも使用するにもかかわらず，「自社の採用選考のために使用します」と表示することは許されません。

(2)　業務の目的の達成に必要な範囲内での収集

　労働者の募集のために必要な範囲でのみ求職者の個人情報を収集・使用・保管する必要があります。

　例えば，次のような取扱いは許されません。

● 求人と関係のないサービスに入会させるために使用する。

● 他社の採用選考のために使用する。

(3) 法改正前から適用されている他のルール

職安法改正の前から，個人情報に関する以下のルールが適用されていました。これらは，法改正後も当然に適用されています。
● 業務の目的の達成に必要な範囲内で，求職者の個人情報を収集・使用・保管しなくてはならない。
● 業務上知り得た人の秘密を漏らしてはならない。
● 求職者の個人情報をみだりに第三者に提供してはならない。

3　選考方法に関する法的留意点

(1) オンライン面接

オンライン面接とは，企業の採用担当者と応募者のパソコン・スマートフォン・タブレット間をネット回線でつないで実施する面接をいいます。近年は，面接のほかに会社説明会もオンラインで行うなど，採用活動のオンライン化が普及してきましたが，2020年の新型コロナウイルスの感染対策を契機に採用活動のオンライン化がますます広がっています。

◆　　　　◆

> **Q2　オンライン面接での録画はできる？**
> オンライン面接で用いるWeb会議システムに，面接を録画記録できる機能があります。選考資料の１つとして録画記録を残したいのですが問題ないでしょうか。また，その場合，事前の説明や本人の許可は必要でしょうか。

> **A**　個人情報保護法の観点やプライバシー保護の観点から，録画可能か否かが問題となります。

オンライン面接における応募者の顔や発言を録画したものは，個人情報

（個人情報保護法2条1項）に該当します。会社が個人情報取扱事業者（同法16条2項）に該当する場合は、事前に利用目的をホームページの募集要項に掲載するなどして公表しておけば、目的の範囲内で利用するかぎり、応募者の同意を得る必要はありません。

　ただし、面接の録画を会社内部での面接担当者の研修教材として利用するような場合は、その旨も利用目的として事前に公表しておく必要があり、目的を公表していない場合は目的外利用として本人の同意が必要です（同法18条）。

　会社が個人情報取扱事業者に該当しない場合であっても、労働者を募集する会社は応募者の個人情報を収集・保管し、または使用するにあたって、その業務の目的達成に必要な範囲内で求職者等の個人情報を収集、ならびに当該収集の目的の範囲内でこれを保管し、および使用しなければならないとされています（職業安定法5条の5）。

　オンライン面接の内容は応募者のプライバシーにも関わるため、その意味でも慎重に取り扱う必要があります。個人情報取扱事業者に該当しない場合も、募集要項等においてオンライン面接の録画を行うことがあること、録画の利用目的等について、事前に募集要項等において公表しておくことも一案です。外部に流出・漏えいしないように録画データの管理は厳重にしておくことも必要でしょう。

◆　　　　　　◆

Q3　就活掲示板に関する留意点は？

　就活掲示板に、面接時の対応について悪評を書き込まれましたが、削除依頼は可能でしょうか。

A　誹謗中傷や虚偽の口コミは、企業イメージの悪化のみならずリクルート活動の支障にもなりかねないので、削除する必要があります。

　まず、就活掲示板サイトを運営する企業に削除依頼を行います。サイトにガイドラインや削除依頼のフォームを設置している場合もあり、運営企業の判断で削除される場合もあります。

　もし，運営会社が任意に口コミの削除を行わない場合は，裁判所に記事の削除を求める仮処分の申立てを行う方法があります。審理の結果，削除を命ずる仮処分決定がなされれば，サイト運営会社の大部分は削除に応じます。

　また，悪評を投稿した者を，発信者情報開示請求などを利用して特定したうえで，投稿者に対して損害賠償請求を行うことも可能です。

⑵　リファラル採用

　リファラル採用とは，リファラル（referral＝「推薦・紹介」の意味）という文字どおり，社員からその友人・知人など紹介してもらう制度です。名称からは新しい制度のように思えますが，これまでも「社員紹介制度」などの名称で企業に導入されていたところ，昨今の採用難時代の下で，有効な採用手法の１つとして改めて見直され，企業の間で広がりを見せ始めています。

　このリファラル採用を実施する際には，以下の点に留意する必要があります。

１）募集・採用の法規制を受ける

　募集に際しての労働条件の明示（職業安定法５条の３），虚偽広告の禁止（同法65条９号），年齢制限の禁止（雇用対策法９条），性別による差別の禁止（男女雇用機会均等法５〜８条），障害者雇用の排除の禁止（障害者雇用促進法43条）などの法規制を受けます。

２）秘密保持

　会社やその従業員は，業務上知り得た秘密を正当な理由なく漏らしてはならず（職業安定法51条１項），採用候補者から取得した情報も，秘密にあたるものについては漏えいが禁止されます（違反した場合30万円以下の罰金に処せられます〈同法66条11号〉）。

3）紹介者の報酬の定め

　紹介者へのインセンティブとして，リファラル採用による入社が確定した時点で何らかの報酬を付与する制度を導入することがあります。

　しかし，職業安定法40条は「労働者の募集を行う者は，その被用者で当該労働者の募集に従事するもの又は募集受託者に対し，賃金，給料その他これらに準ずるものを支払う場合又は第36条第2項の認可に係る報酬を与える場合を除き，報酬を与えてはならない」と規定し，違反した場合には6カ月以下の懲役または30万円以下の罰金に処せられます（同法65条6号）。

　そこでリファラル採用に関しては，本規制に違反しない形で報酬の制度を定める必要があります。具体的には，リファラル採用による候補者の紹介を業務の一環と整理し，紹介により採用が確定した場合に，給与（例えば，「紹介手当」などの名目とする）として支払うことが考えられます。その場合，給与の発生条件，計算・支払方法，支払時期などを就業規則（賃金規程）に明記する必要があります（労働基準法89条2号）。

　また，リファラル採用の紹介に対してその都度報酬を支払うのではなく，賃金や賞与の査定で紹介の成果を加味するにとどめ，紹介にかかったリクルーター費用（交通費，日当など）に限り支払うことも考えられます。

4）応募者に対する紹介者の責任

　リファラル採用により入社が実現した後，被紹介者が短期間ですぐに退職してしまう，期待された能力を全く発揮できず不手際が多いなどの問題が生じたとしても，紹介者の従業員に対して懲戒処分はもとより，人事考課のマイナス評価をすることは原則としてできません。

5）個人情報の取扱い

　従業員は採用候補者の友人・知人という関係上，会社にとって必要な範囲を超えた個人情報を取得している可能性があります。

　情報をどこまで会社に伝えるかが問題となり得ますが，候補者の個人情

報の保護および従業員の負担の軽減の見地から，従業員からは候補者の同意を得て，①氏名，②住所，③連絡先という最低限度の情報だけを取得し，その後の連絡や採用に向けたやり取りは人事部が行うという方法も一案です。

4　テレワーク（フルリモート）を前提とした採用

　労働者がICT（Information and Communication Technology：情報通信技術）を利用して行う事業場外勤務は一般に「テレワーク」と呼ばれます。テレワークによって時間や場所を有効活用できる柔軟な働き方が可能になることから，育児・介護と仕事の両立や遠隔地の優秀な人材の確保も可能となります。2020年春からの新型コロナウイルス感染症対策を契機として，多くの企業で新たに実施されるようになりました。

　オフィス勤務を前提とする社員（以下「オフィス社員」という）とは別に，フルリモートワーク（以下，単に「リモートワーク」という）を新設する場合，リモートワークを定める別規程（就業規則の一部）や雇用契約書（以下「別規程等」という）を作成する必要があります。主な注意点を説明します。

① 　就業場所
● 　リモートワーク社員はオフィスではなく自宅等に限定することに特徴がある。
● 　別規程等において勤務場所を「自宅その他会社が認めた場所に限定する」と定める必要がある（社員の所在把握の観点から「自宅」は原則本人の自宅に限定しつつも，柔軟な働き方を認める観点から会社の事前承認を得て別の場所で勤務することも認める）。
② 　出社・出張命令の可否
● 　リモートワークでも業務上の都合により出社や出張を命じなければならないことも例外的にあり得る。
● 　就業場所を自宅等に限定した場合，出社や出張を一切しなくてよいと

社員が誤解する可能性もあるため，あらかじめ出社や出張の可能性があるのであれば，別規程等に明記する必要がある。

③ 配転・出向

● 配転・出向を命ずる可能性がある場合は，別規程等において，リモートワーク社員についても「リモートワークが可能な限りにおいて」という限定付きで配転・出向を命ずることができる旨を定める。

④ Web会議等への参加

● Web会議システムを利用して朝礼や定期ミーティングへの参加を義務づけることは可能である。

● 別規程等において，Webカメラやマイクの設定等も含めて会議への参加に関する定めを置くべきである。

⑤ 費用負担

● リモートワークで発生する光熱費や通信費などの費用負担について別規程等において明確に定める。

　例：自宅の水道光熱費（社員負担），業務に必要な郵送費，事務用品費，消耗品費など（会社負担），PCやプリンターなど使用する機器（会社が貸与）

● 通信費は，個人使用と業務使用との分別が困難な場合も多いので，費用は社員の負担としつつ，リモートワークによる通信費や水道光熱費の増加分見合いの手当を支給することを定める場合もある。

⑥ 解雇事由

● リモートワーク社員も勤怠不良，能力不足等の解雇事由に基づいて解雇可能である。

● リモートワーク社員特有の解雇事由として「リモートワークが行えなくなったこと」（例：リモートワークの必要性がなくなった場合，リモートワークについて業務上の支障が生じた場合，リモートワークの適性がない場合など）があり，別規程等に明記する必要がある。

● リモートワークが行えなくなった場合，解雇を行う前にオフィス勤務を提案する必要はない。

⑦ 労働時間等

● オフィス社員とは異なる労働時間制度を設定する場合は別規程等にお
いて定める必要がある。

例：事業場外みなし労働時間制やフレックスタイム制のほか，私用のた
めの中抜け時間（休憩時間の延長や終業時間の繰下げ変更等）など

● リモートワークであっても労働時間を適正に管理する必要があり，具
体的な管理方法も別規程等に明記し，長時間労働とならないように配慮
が必要である。

5　試用期間に心身の不調で出社できなくなった場合

(1)　解雇事由（本採用拒否事由）への該当性

　社員が傷病によって労務提供が全くできなくなった場合（履行不能）や
一部しかできなくなった場合（不完全履行），雇用契約上の債務不履行と
なるので，一般的には普通解雇事由に該当します。通常，就業規則にも「心
身の故障により勤務に堪えないとき」といった普通解雇事由が定められて
います。新入社員の場合は，就業規則において試用期間が定められ，上記
心身の故障に関する解雇事由と同様の本採用拒否事由が定められているこ
とが多くあります。

　ただし，業務が原因で傷病が発症し，従来の業務ができなくなった場合，
社員の労務提供義務は履行不能となりますが，労働基準法19条1項本文の
解雇制限規定が適用され，療養のための休業期間およびその後30日間は解
雇することはできません。

　また，業務外の傷病（私傷病）により労務提供ができない場合であって
も，解雇や本採用拒否が有効となるには，普通解雇事由（本採用拒否事
由）に該当するのみならず，解雇することが社会通念上相当であると認め
られる必要があります。すなわち，一時的に労務提供ができないだけでは
なく，将来にわたり労働契約の本旨に従った労務提供ができない，または
不十分である状態が継続することが見込まれ，解雇（本採用拒否）を選択

することがやむを得ないと言える状況にあることが必要です。

(2) 基準となる職務について

私傷病により労務提供が不能または不十分であることを理由に解雇の可否を判断する場合，その基準となる職務は雇用契約の内容となっている職務によります。雇用契約上，長期雇用を前提に職務内容や職種等を特定されずに採用された社員の場合，人事権により職務内容や職種を変更できるので，現に担当していた特定の業務に限らず，配転により担当可能な職務について労務提供の可否を検討する必要があります。

ただし，本採用拒否の場合は，試用期間の性質上，解雇に比べ広い範囲で認められます。

(3) 休職制度を経ることの要否

多くの企業では，私傷病休職制度を導入しています。この制度は，社員の私傷病による欠勤が長期に及ぶときに，休業期間中に治癒すれば復職させるが，治癒しないときは自動退職または解雇となるもので，解雇を一定期間猶予する機能を有します。就業規則で休職制度を導入しており，かつ休職制度の適用条件を満たす場合は，原則として同制度の適用を検討し，所定の期間休職させて回復の機会を与える必要があります。それを経ない解雇は，解雇回避措置を取らない不相当な処分として解雇権の濫用（労働契約法16条）となる可能性が高いと言えます。

ただし，就業規則の定めによって，勤続期間の短い新入社員は適用が除外されている場合，解雇（本採用拒否）の前に休職を前置きする必要はありません。もっとも，休職を適用しなくてもよい場合であっても，欠勤させて回復の機会を与える必要はあり，そのような機会を与えずに行う解雇（本採用拒否）は無効となる可能性が残ります。

(4) 私傷病を理由とした退職勧奨の可否

私傷病休職制度の適用や普通解雇（本採用拒否）による対応は，退職という効果が問題となるため，紛争リスクが伴います。そこで実務では，退

職勧奨による社員との合意のうえで退職を実現するケースもありますが，退職勧奨に際しては，あくまでも労働者の自由な意思に基づいて退職の合意を得なければなりません。

　メンタル不調で休職中の者に対して退職勧奨を実施する場合は，できれば事前に産業医に相談し，実施の可否や実施する際の注意点を聞いてから行うなどの配慮が必要になるでしょう。

プロフィール---

吉村雄二郎（よしむら・ゆうじろう）　　中央大学法学部卒業。裁判所勤務を経て2008年弁護士登録（東京弁護士会）。法律事務所勤務後，法律事務所（現名称：吉村労働再生法律事務所）を開設。著書に『相談室Q&A 精選100』（共著・労務行政研究所），『慰謝料算定の実務』（共著・ぎょうせい）のほか，『労政時報』（労務行政研究所），『企業実務』（日本実業出版社）への寄稿多数。

（豆知識②）　採用活動におけるインターンシップの取扱い

　2024年度採用に関して，文科省・厚労省・経産省が2022年6月13日付けで，「インターンシップを始めとする学生のキャリア形成支援に係る取組の推進に当たっての基本的考え方」を改正しました。

　そのなかで，インターーシップ等，学生のキャリア形成支援にかかる産学協働の取組みを4つに分類したうえで，以下のタイプ3とタイプ4をインターンシップと称することとされました。

　タイプ1　オープン・カンパニー
　タイプ2　キャリア教育
　タイプ3　汎用的能力・専門活用型インターンシップ
　タイプ4　高度専門型インターンシップ（試行）

　2025年3月に卒業・修了する学生（学部生ならば2023年度に学部3年生に進学する学生）が，2023年度に参加するインターンシップから適用されます。

　これにより，企業は“一定の基準”を満たすインターンシップ（タイプ3）で取得した学生情報を，広報活動・採用選考活動の開始時期以降に限り，それぞれ企業説明会の案内送付等，選考プロセスの一部免除等に使用可能とされます。

　“一定の基準”としては，学生情報を活用する旨を募集要項等に明示したうえで，就業体験の日数，社員による学生指導，実施期間等に関する要件を満たすことが求められています。

　インターンシップには，労働関係法令の適用，安全，災害補償の確保，ハラスメント対応等の留意すべき事項がありますので，改めて確認しておきたいところです。

第IV章

歴史に学ぶ人事管理

キーワードで振り返る
ジャーナリストがみつめてきた人事の世界30年

ジャーナリスト　**溝上　憲文**

1　吹き荒れるリストラの嵐

2　ロスジェネ世代の誕生

3　成果主義の台頭と挫折

4　M&Aの隆盛と合併人事

5　「年越し派遣村」〜非正規の増大と正社員との格差

6　長時間労働対策と労働法制改革と奔走する人事部

7　「人的資本経営」の時代〜人事部の力は蘇るか

世界情勢が変わり，ITが進展し，働く人の意識が変わり，いま，日本の働く場は，新しい局面に向かっている。これから人事部は，どのように働く環境を整備していけばよいのだろうか。人材を取り扱う部署として，どのような使命感を持って，どのように役割を果たしていけばよいのだろうか。歴史から学べることはあるのだろうか。

　人事・労務問題の取材を本格的に始めたのはバブル景気が崩壊する1992年前後であるからほぼ30年になる。この間，働く人が直面する問題点や課題について人事部が現場でどう対応しているかを取材してきた。

　改めて振り返ると，バブル崩壊後の30年間は人事部にとって受難の時期だったように思える。人事の原点とは，個々の社員が保有するポテンシャルを最大限引き出し，"人を活かす"ことにほかならない。それを推進する施策を企画し，実践することが人事部の仕事の醍醐味であるはずだが，景気後退が長く続くなかで人材への投資が抑制され，経営の効率化の名の下で人事部本来の仕事がやりにくい厳しい局面に立たされ続けてきた。

　人材育成とは真逆の採用抑制や人員削減，事業再編に伴う合併・分割作業を強いられ，あるいは労働法制改革の波に翻弄されたりもした。その一方で人事部の地盤沈下も進んだ。かつても人事部は会社の枢要な役職への登竜門であり，社長やトップクラスの役員を多く輩出してきた。しかし

吹き荒れるリストラの嵐
Memory of 1990

ロスジェネ世代の誕生
Memory of 2000

成果主義の台頭と挫折
Memory of 1990〜2020

M&Aの隆盛と合併人事
Memory of 2000

1990年代後半以降，**ROE（株主資本利益率）** が重視される経営が主流になり，人事部に代わって経理・財務部出身者が重用され，**CFO（最高財務責任者）** が脚光を浴びる時代に転じた。

　その影響は経済界にも及んだ。2000年代初頭，経団連の役員を務める人事部出身の大手企業の元会長を取材した時，「人事部出身の社長が少なくなってきたなあ。話が通じる人もだんだんいなくなっていく」と，半ば嘆いていた。もしかしたらその結果が経済界の人事・雇用政策，そして企業人事部の変容に影響を与えているかもしれないとも思う。

　改めてこの30年間，人事部は時代の課題にどう向き合ってきたのか，いくつかのキーワードで時代の変遷を振り返ってみたい。

ROE：自己資本利益率。「その株に投資してどれだけ利益を効率良く得られるか」を表し，収益性の指標とされる。「投下した資本に対して企業がどれだけの利潤を上げられるのか」という観点から，投資家に最も重要視される財務指標の１つ。
ROE（％）＝当期純利益÷（純資産－新株予約権－少数株主持分）×100

「人的資本経営」の時代
〜人事部の力は蘇るか
Present and Future

長時間労働対策と労働法制
改革と奔走する人事部
Memory of 2015 〜 2016

「年越し派遣村」
〜非正規の増大と正社員との格差
Memory of 2008 〜 2009

1　吹き荒れるリストラの嵐　*Memory of 1990*

　1993年1月。パイオニアの松本誠也社長が35人の中高年管理職を1人ずつ社長室に呼んで個別に面談し，涙ながらに会社の苦境を伝え，退職を勧奨した。このことが世間に知れ渡り，当時は事実上の指名解雇であるとしてマスコミの糾弾を浴びた。この事件が90年代以降の日本企業の本格的な人員削減の幕開けとなった。

　経済の停滞や経営環境の深刻化に伴い，企業各社は固定費の削減を収益改善策の緊急避難的な手段として実行せざるを得ない状況に追い込まれ，より大幅な人員の削減に着手した。その手法が退職金の割増しを条件に全社的にオープンに「希望退職者」を募集する方法だった。ただし希望退職といっても所属長が対象社員全員と面談し，辞めてほしい社員への退職勧奨と残ってほしい社員の「慰留」を同時に実施するものだ。

　当時，退職勧奨を受けた50代の多くの社員に取材した。その中の1人の53歳の音響機器関連メーカーの管理職は「こんな理不尽なことがありますか。私は会社のために自分の時間どころか，友人，知人，親戚の付き合いはおろか，時には家庭さえも犠牲にして会社に尽くしてきました。それなのにこれが私に対する会社の答えだと思うと悔しくてなりません」と漏らした言葉が印象に残っている。

　人員削減はもちろん人事部の発意ではなく，経営の要請だった。人事担当者も複雑な思いを抱えて作業に当たっていた。当時，大手金属メーカーの人事担当者のA氏（32歳）はこう語っていた。

　「手厚い退職金の優遇措置があり，それほど苦労しませんでしたが，再就職先がなかなか見つからない人も多くいました。人事としては『少しでも路頭に迷う人を少なくしよう。そのためなら，人事の枠組みなど気にせずにできる限りのことをしよう』という気持ちで懸命に動きました。退職

する社員の職務経歴書を鞄に入れて，群馬や山梨にある工業団地の企業を一軒一軒回り，飛込みで社長に面会し『僭越ながら人の採用はなかなか大変だと思いまして，ぜひ紹介したい人がいます』と挨拶し，再就職探しに走り回りました」

A氏は2年後，45歳以上のホワイトカラー約150人の早期退職募集実施の実務担当者に命じられる。当然，人事部の先輩や上司も対象になる。世話になった先輩や上司が何人も辞めていった。

「この前後は，それこそ血の池に布団を敷いて寝ているような感じでした。ある先輩は『希望退職の締切りはいつまでだ。俺も辞めるから締め切るなよ』と言って辞めていきました。『人事はノブレス・オブリージュ（高貴さゆえの義務を果たす）たれ』と常に言われ続けてきました。『会社がいざという時になったら，一番先に死ぬのは人事だ』とも言われました。人事部の誰もがその精神をもっていましたし，単なるサラリーマンではありませんでした」（A氏）

A氏も業務を終えた1998年に退職する。

一方，人員削減の数は1990年代後半から2000年初頭にかけて大規模になっていく。それを後押ししたのが株主優先主義の風潮だった。企業のROE（株主資本利益率）重視の傾向が強まり，**リストラ**すれば市場が評価し，株価が上がるという現象が発生した。もちろんすべての企業がなりふり構わぬリストラに走ったわけではない。あくまで雇用を死守する企業もあった。トヨタ自動車会長の奥田碩経団連会長だ。『文藝春秋』の1999年10月号で「経営者よ，クビ切りするなら切腹せよ」という論文を発表。その中で「人が余って仕方がないほど仕事が少なくなり，会社を小さくしたのは誰ですか，といえばこれはすべて経営者の責任です」「仮に現在，人が余っているというのなら，その人材を使って新しいビジネスに生かす

リストラ：リストラクチャリング。本質的には「組織の再構築」を指すが，現代日本においては「不採算事業や部署の縮小，またそれに伴う従業員解雇（特に整理解雇）を指すことが多い。日本では正規雇用であることや勤続年数を尊ぶ向きが強かったことから，ネガティブなイメージがより助長され，実態としてもかなりの不利益を被るケースがいまだ多いのが実情である。

努力をしてこそ経営者というものです。それもできないようでは，経営者の名に値しません」と，発言した。

構造改革もしないで事業縮小を余儀なくされ，その結果，人員削減に踏み決るのは経営者失格というのは，奥田氏だけではなく，旧来の経営者が持ち合わせていた経営哲学であり倫理観だった。だが，その後，構造改革などやるべきことをやらずに人員削減に踏み切る経営者が増えていく。

なぜ業績が悪化する前に構造改革をしなかったのか。2000年代に大規模リストラを実施した従業員5万人超の大手メーカーの元人事担当役員は後にこう述懐している。

「市場競争に敗れて赤字になることを，会社としてなぜ止められなかったのかという思いがあります。本来は経営が安定している時に構造改革をするべきですが，先が見えている経営者はそんなにいませんでした。逆に先を見越して改革しようとすれば反発を招く。反発を恐れて改革に躊躇する経営者も多かったのです。結局，手を打たないままに業績が悪化し，リストラにつながっていきました」

経営者の資質に欠け，さらに覚悟が不足していたことが"失われた20年"を招き，人員削減で延命を図る企業が増えたのだろう。

2　ロスジェネ世代の誕生　*Memory of 2000*

　この時期に起こったのは出口の人員削減だけではなく，入り口の新卒採用の抑制だ。リストラを実施しない企業でも雇用を守るために採用をストップし，就職氷河期が長く続き，ロスト・ジェネレーション（失われた世代）と呼ばれるように大きな社会問題となった。

　大卒新卒者に対する求人倍率は1992年3月卒の2.41倍から93年卒は1.91倍と徐々に低下していく。一時期回復するかに見えたが，99年卒は1.25倍，2000年卒は0.99倍と1倍を切った。新卒採用抑制が続くなか，就職率も下落。2000年卒の就職率は55.8％と60％を切っている。卒業後に就職も進学もしない「新卒無業者」は91年に2万2,121人だったが，2000年は5倍以上の12万1,083人に達した。

　正社員になれなければアルバイトで食いつなぎ，就職のチャンスを見つけるしかない。しかし新卒一括採用方式は，卒業までに内定が取れない学生は排除されるという硬直的な仕組みだ。政府は卒業後3年以内の既卒者も受け入れるように経済界にも要請したが，あくまで応募の対象者を広げたにすぎず，大企業での就職は困難を極めた。化粧品会社の採用担当部長

就職氷河期：一般的にはバブル崩壊後，経済停滞によって新規採用を控える動きが加速し，就職難になった時期を指す（1993〜2003年卒，2001〜2014年卒など，区分や時期には諸説あり）。文中にあるように求人倍率が1倍を切った状況もあり，非正規社員の増加や「第2新卒採用」の一般化など，雇用市場に著しい影響を与えると同時に，新社会人の就職観の変化にも影響を及ぼした。

ロスジェネ世代：ロストジェネレーション世代。就職氷河期の中で就職活動をした1970〜1982年頃に生まれた世代を指す。この世代は正社員雇用を望んでも非正規雇用として働かざるを得なかった人が多く，非正規雇用をめぐる各課題や，企業におけるいびつな人員構成の発生といった彼らの世代をめぐる課題が，現在の労働・雇用に関する諸問題の端緒の1つであるといえる。

非正規社員：広義では正規雇用者（雇用主に税や社会保障負担の義務があり，雇用契約が労働法の対象となる従業員）以外を指すが，日本の雇用慣行では，長年直接雇用・無期・フルタイムの労働者を正規雇用，それ以外を非正規雇用（アルバイト，パートタイマー，契約社員（期間社員），派遣社員など）と位置づけてきた。同一労働同一賃金を代表に，正規・非正規雇用の待遇差は，今日の労働における最も大きな問題の1つである。

は「卒業後も資格を取るために専門学校に通っている，あるいは海外に短期留学していたとか，それなりに目的をもってやっていた人ならいいが，ほとんどの人が就職する気もなく，アルバイトをやっていたぐらいで何もしないで過ごしている」と語っていた。しかしこれは買い手側の理屈にすぎない。正社員として就職できなければアルバイトで働くしかないのが現実だった。

　もちろん人事担当者の中には長引く採用抑制に危機感をもつ人もいた。精密機器メーカーの人事部長は当時について「採用を止めたらいずれ中堅の人材が枯渇するのは目に見えていた。少しでも採用してほしいと経営陣に言っても，人件費を減らせ，の一点張りだった。その後，部下なし主任や係長が現れるなど異常な人員構成になりましたが，不況期でも新卒採用は続けないといけないという大きな教訓になった」と語る。

　就職できずに無業化，非正規化する若者という社会問題の発生と同時に企業の戦力の喪失はその後の日本経済にとっても大きなダメージを与えたことは間違いない。

3　成果主義の台頭と挫折　*Memory of 1990〜2020*

　未曾有の経営難に直面した企業は，人事制度でも大きく舵を切った。1990年代後半以降，従来の「**能力主義**」（職能給等）に代わって，どんな業績を上げ，会社にどんな貢献をしたのかという仕事の「成果」に応じて賃金を支払う「**成果主義**」人事制度が流行する。当初は管理職層に導入し，その後一般社員層への導入が進んだ。

　1990年代半ばに最初に導入して話題を呼んだのが富士通だ。同社はアメリカに視察団を派遣し，その成果をベースに年功的色彩の強い資格制度を廃止し，職責・職務に基づく「**役割等級制度**」を導入した。制度のねらいとは何か。1999年当時，同社の人事責任者は取材に対し「従業員は約19万人おり，そのうち8万人が海外にいる。日本の従業員が年功制で，海外が成果主義というのでは同じ会社としておかしい。制度の枠組みを統一しようというのが目的」と，人事制度のグローバル化を強調していた。等級制度は昇級だけではなく降級もあり，成果評価によって等級が下がる社員も発生する。人事責任者は「昇級については学歴はもちろん，何年卒だからという意識で評価しないように伝えている。できるだけ優秀な社員の昇進が早まることを目指している」と語っていた。

　富士通の"脱年功賃金"の成果主義導入は他の企業の導入を加速した。ところが，2001年3月，朝日新聞の1面に富士通の「成果主義賃金見直し」の記事が踊った。富士通側は「成果主義に問題はない。見直しではなく，成果主義の改善だ」と言い，火消しに躍起になった。どういうことなのか，取材を進めると「評価制度」のつまずきに原因があることがわかった。

役割等級制度：役割に応じた等級を定め，社員を格付けする制度。例えば「役割：現場でマネジメントをする」＝「職位：課長」＝「等級：M」などと設定し，マネジメントをしない役割になるのであれば，新しい役割に応じた等級・職位に変わる。人基準の職能資格制度から成果主義を経て仕事基準（ジョブ型）側へとシフトする流れを受けて登場した制度であるが，導入企業によって運用の考え方は大きく異なる傾向にある。

同社の成果主義の制度づくりに関係した富士通労組の幹部は社内で起こった現象を取材でこう語ってくれた。

「チャレンジングで難しい目標を立てなくなってしまった。評価はＳ，Ａ，Ｂ，Ｃの４段階評価で行うが，目標を達成できればＡ評価という仕組みにした。その結果，あえて難しい目標を設定しなくなる傾向が出た。そうなると，やさしい目標を設定し，達成したＡ評価の人と，難しい目標を設定して達成できないのでＢ評価の人もいる。これでは公正・公平ではないという声が上がったのです」

社員の成果を測定するMBO（目標管理制度）の不備が露呈したのである。その結果，富士通は評価の基準を単に達成したかどうかではなく，困難な目標を達成するためにどのように行動したのかというプロセス評価も加味するという修正を実施している。しかし今度は評価者の難易度が高まることになり，評価慣れしていない管理職に混乱をもたらす結果につながりかねない。富士通に限らず，成果主義を導入した多くの企業にとって，評価制度は現在でも尾を引く悩ましい問題がその後も続いた。

会社が推進する成果主義に複雑な思いを抱く人事担当者も少なくなかった。光学機器メーカーの人事課長は「富士通さんの見直しは単なる結果主義ではなく，真の成果を目指すためにプロセスとか発揮された能力・行動も見ていこうということだが，このコンセンサスが労使で取られていないのが現実だ。あまり成果，成果と言い過ぎるとモラルに反した行動が出てきたり，協働が阻害されたりする。問題はどこまで人事制度を変えて何を目指すのかというゴールセッティングを経営陣も明確に意識していないことだ。そのため社員に受け入れられるために常に新人事制度，新人事制度と言い続けなければならない状態が続き，肝心の事業の成果のほうに組織と従業員の気持ちが向かっていかない。これが今の成果主義の問題じゃないかと思う」と指摘していた。

また，別の機械メーカーの人事課長は「成果主義というのは目的ではなく手段にすぎない。企業業績を上げるために賃金の支払い方，昇進の基準

をどうするかを考えるべきなのに，その大目標をなおざりにして制度だけ
をいじくっている気がする。そもそも成果を測定して配分することをいく
ら考えてもパイは増えない。パイを増やすほうになぜか思考が及ばずに，
制度を議論しているのが疑問であり，最大の問題だと思っている」と語っ
ていた。人事担当者のこうした指摘や苦悩は，デジャブのように今の
ジョブ型賃金 にも重なって見える。

ジョブ型賃金：2019年頃から，経団連が経営労働政策特別委員会報告等で「ジョブ型」を提唱し始めた。
「ジョブ型」とは，職務内容を決めて雇用するシステムで，いわゆる「メンバーシップ型」（職務内容や
労働時間や勤務場所を柔軟に変更しつつ長期雇用するシステム）に対応するものといえる。
　ジョブ型賃金とは，簡単にいえば，職務に対応した賃金，職務給である。定昇はなく，仕事ありきで
ある。人件費をコントロールできるという面もあるし，また，高度な専門職人材（ITや経営人材等）
を確保しやすいという面もある。
　グローバル競争下にある日本企業の「ジョブ型」導入は，盛んにメディアで取り上げられ，2020〜
2021年は，ビジネス界での流行語ともなった。そのような流れのなかで，このところ，ジョブ型を導入・
検討する企業が増加した。しかし，名称のみで内容が伴っていなかったり，雇用システムであるのに賃
金制度のみのジョブ型変更だったり，ジョブディスクリプション（職務記述書）の整備にエネルギーを
投入したり，というように，目的と方法が合致しているのか疑問に思える現象もみられる。

4 　M&Aの隆盛と合併人事 *Memory of 2000*

　1999年以降，「**コア・コンピタンス経営**」や「**選択と集中**」を合い言葉に，企業の合併・買収劇が銀行を含むあらゆる産業で吹き荒れた。企業の組織再編の"総仕上げ"が2000年5月に国会で成立し，01年4月に施行された。商法改正による会社分割制度の法制化と，分割に伴う労働者の保護規定を盛り込んだ**労働契約承継法**（以下，会社分割制度）である。従業員にとって会社分割制度の最大の問題点は，分割される新会社の業務に主として働く従業員の転籍は，本人の同意を必要としない点だった。たとえ大企業に入ったつもりでも合併，会社分割，営業譲渡などによって居ながらにして会社が変わり，場合によっては会社が消滅する可能性もあった。

　例えば1999年7月，旭化成工業は食品事業部をJTに売却した。一緒に移ったのは子会社を含む約1,300人。その中の1人である慶應大学卒の45歳の男性社員は1年前に事業部に配属されたばかりだったが，取材に対しこう語った。「あの日のことは一生忘れません。午後3時に全員集まれという指示があり，いきなり『食品事業部をJTに売却する。ついては事業部の社員は子会社の社員と一緒にJTに移籍してもらいたい』と言うのです。驚いたというより，訳がわからず，ただぼうぜんと聞くしかありませんでした。いったい俺たちはどうなるのかと不安で頭がいっぱいでした」

　その後，本社の食品事業部の社員370人は子会社の旭フーズに転籍し，さらにJTの子会社の社員として転籍し，その会社はさらに別の会社に吸収され，今では旭化成の名残をとどめていない。

　実は当初，M&Aでは人事部は蚊帳の外に置かれていた。2000年初頭に，大手電機メーカーから事業部門を買収した同業の電機メーカーの人事部長が買収の事実を知らされたのは，買収決定後だったという。

　「水面下で買収に動いていたのは，経営陣の一部と経営企画部でした。決定後に『買収した事業部の面倒を見てくれ』と言われましたが，本当に腹が立ちました。本来なら買収前に相手の事業部にどんな人材がいるの

か，また労働条件などを事前に調査し，丁寧な受入態勢を検討するべきであり，そうしないと優秀な人材の離職リスクも高まります。人事部抜きの買収は，その後の組織運営にマイナスをもたらすと強く主張しました」

　事業再編などの構造改革は，企業の成長に向けた不可欠の戦略といっても，事業と一緒に切り売りされる社員は，たまたまその部署に配属されただけで，会社に残る者とは紙一重の差でしかない。売却先に多くの社員を送り出す側の人事部の苦悩も深かった。

　製薬業界は2000年代半ばに外資との競争で事業再編が相次いだ。その中の１つである大手製薬会社は，生産部門など本社部門を子会社化による社員の転籍，その後に売却という大規模の改革を実施した。新設子会社に約1,000人を移籍，約500人を希望退職により削減。本社人員を３分の２に減らし，同時に子会社の給与も競合他社の水準に合わせて３割削減という大改革だった。しかもそれだけで終わらなかった。改革の実施後間もなくして，同業他社との合併合意が発表された。

　同社の人事部長はその後の取材でこう振り返る。

　「経営トップは会社を変えたいということで，人員削減など経営改革を指示する一方で，各社の経営者と会っていたのですが，そういう話は人事には一切入ってきませんでした。経営トップとしては，経営改革と合併で一回り大きくなれば強くなるという判断で正しい選択だったと思います。しかし，人員構造改革を実施するために，残る社員と出て行く社員を集めた合宿による研修会などを開催し，できるだけ納得を得られるように人事部で総力をあげて活動してきました。合併を聞いて，正直，担当者としてはやりきれない思いが残りました」

　ちなみに会社分割で子会社に転籍し，売却された子会社はその後，転売された。社員も散り散りになって消息もわからないという。

コア・コンピタンス経営：ゲイリー・ハメルとＣ・Ｋ・プラハラードの著書『コア・コンピタンス経営』（日本経済新聞出版社，1995年）によって広められた概念。自社のコア（中核）となる能力を活かした経営のことであり，他社にまねできないコアを強みとして成功を生み出していく経営手法のこと。自社の保有する能力の独自性を重要視する考え方。

5 「年越し派遣村」〜非正規の増大と正社員との格差
Memory of 2008〜2009

　2008年9月の米投資銀行**リーマン・ブラザーズの破綻**を機に発生した金融危機は，世界経済を収縮させた。日本では破綻直後から企業の求人がストップし，08年10月に入ると製造業の期間工や派遣労働者の契約更新を拒否する雇止めや，中途解除を実施する"派遣切り"によるリストラの第一波が襲った。"派遣切り"が進行し，自動車や家電，事務機器メーカーを中心に中途契約解除が相次いだ。その結果，会社の寮を追い出される派遣社員が続出し，東京・日比谷公園内に設置された"**年越し派遣村**"が世間の話題になった。

　なぜ派遣切りが急速に進んだのか。当時取材した連合の幹部は「派遣先が打ち切るのは雇用ではなく派遣契約の解除という商取引上の領域であって，経営者は解雇という意識が薄い。もう1つは派遣労働者を管轄しているのは資材部や工務部であり，しかも物件費扱いであり，余計に解雇という認識が薄い。派遣先の雇用責任や社会的責任の曖昧さが一気に出てきて，予想以上に事態を悪化させている」と語っていた。

　派遣労働者増加の直接の契機は，2003年の改正労働者派遣法による「製造業派遣労働者」の解禁だ。ピーク時は100万人を超え，日本の製造業を底辺で支えた。07年に製造業派遣の期間が1年から3年に延長されたが，3年後には雇用終了にするか，直接雇用に切り替えるかという**2009年問題**を抱えていたところリーマンショックが起こり，渡りに船とばかりに，多くの企業は大量の"派遣切り"に走り，構造的矛盾を一挙に露呈した。

　ある製造現場を取材したことがあるが，正社員と派遣の制服の色が明らかに違っていた。就職氷河期世代の派遣の男性（30歳）は「制服が違うことよりも何か近寄り難い感じがありました。一緒にしゃべってはいけないような雰囲気があり，休憩中も別々に集まっては小声で話をします。なんで小声でしゃべらないといけないんだと，よく仲間内で話していました」と語ってくれた。派遣社員は雇用期間が短いだけではない。正社員に比べ

て安い給与に加えて賞与もなく，身分が完全に二分されていた。

　そんななか，救いもあった。国内最大手の段ボールメーカーのレンゴーが，自社で働く派遣社員全員の約1,000人を2009年4月から正社員として採用するというニュースが飛び込んできた。取材に応じた当時の大坪清社長はこう語っていた。

　「これまで請負や派遣社員を使ってきたのはやはりコストを抑えるためです。1,000人強の派遣社員をこの際どうするのかという議論の中で，今後も派遣社員として使い続けていくのであれば従来と何も変わらない。会社にとって本当に必要であれば，レンゴーで働く人間は全員正社員にしようと決めた」

　もちろんその背景には一連の派遣切りへの違和感があった。大坪氏は「リーマンショックは日本の経営者を心理的に萎縮させたのは確かです。その結果，固定費ではない変動費扱いの派遣会社との契約を一気に打ち切った。一時，会社は誰のものかという議論が流行し，アメリカ的な株主資本主義が叫ばれるなど，日本企業はずっとそれに対応せざるを得ない状況が続いてきましたが，これは悲しいことです。日本の経営者はここで踏ん張って日本のニューソサエティとはこういうことだと示すべきだった。ところがキヤノン，トヨタといった日本を代表するトップ企業が派遣を切る事態となった。本来ならそういう企業こそ率先垂範して日本の社会のあり方を企業として見せるべきだったのです」

　大坪氏はそもそも人を変動費化扱いすることに大反対だと言い，こうも語った。

　「経済は土地と資本と労働を使って，対価である商品・サービスを作り

年越し派遣村：リーマンショックの影響により派遣切りされた労働者に年末年始の食事および寝泊りできる場所を提供するため，複数の労働組合や支援団体によって組織された実行委員会が開設した避難所。村長は社会活動家の湯浅誠。2008年12月31日から2009年1月5日まで東京都千代田区の日比谷公園に設置された。厳しい経済情勢の象徴として，多くのメディアに取り上げられた。

2009年問題：2003年の労働者派遣法の改正により，それまで認められていなかった製造業への労働者派遣が「1年間」に限って解禁され，2007年にはこれが最長「3年間」に延長された。その期間に採用した派遣労働者の3年間の契約期間が，2009年3月1日より順次終了するため，派遣元，派遣先に対して直接雇用等の対応が求められることにより生じた問題を2009年問題と言う。しかし，本文でも触れられているが，同時期に起きたリーマンショックによる不況を理由に，派遣労働者の契約解除，契約更新停止が行われたため，結果的に社会的問題には発展しなかった。

出すというのが大前提。なかでも労働は一番神聖なものです。派遣というのは変動費でカバーする以上，商品化していることと同じです。株主への配当を削ってでも労働は守ったほうがよいというのが私の基本的な考え方です」

こうした考え方をもつ経営者が日本にまだいることに，私自身も救われた思いだった。働き手を3年で放逐するのは人的資本の形成にとってもマイナスだ。大坪氏の思想は今の**ステークホルダー経営**や**人的資本経営**にもつながる。

6　長時間労働対策と労働法制改革と奔走する人事部
Memory of 2015〜2016

2015年12月25日。電通社員の高橋まつりさん（当時24歳）が女子寮で投身自殺した。翌2016年9月30日，三田労働基準監督署が長時間の過重労働が原因だったとして労災認定し，11月には東京労働局の**「過重労働撲滅特別対策班」（通称かとく）**を含む労働基準監督官が，電通本社と支社に強制捜査に踏み切った。この事件は電通に限らず**長時間労働＝ブラック企業**の印象を世間に強く与えると共に政府の働き方改革を加速させる契機ともなった。

まつりさんの過労自殺は就活中の大学生を震撼させ，この頃から「残業時間」を極度に意識するようになったといわれる。震え上がったのは就活生だけではなく人事部も同じだった。企業の長時間労働体質が指弾され，労基署の監督強化，**時間外労働の上限規制**が具体化されるなかで，人事部は懸命の対策に追われる日々が続いた。

上限規制にゲーム関連会社の人事課長は「さまざまな残業削減策を講じているが，ゲームクリエイターは帰れと言っても帰らない社員も多い。人事が注意すると『好きで仕事をやっているんだから放っといてくれ，倒れそうになったら自分で休むから』と反発してくる。法律が施行されたら立件される恐れがあり，なんとかしないといけない」と危機感を露わにした。

　また，建設業の人事課長は「今では社員の月平均残業時間を45時間程度にまで下げたが，繁忙期があるうえに，取引先との関係でどうしても突発的な仕事も発生する。同業他社は80時間を超える社員が多く，時短に苦労している。仮に法律が施行されたら非管理職は60時間以内でやらせるとしても，残った作業を時間管理が適用除外の管理職が担うことになる。そうなると一番働いている管理職の負担がより重くなる」

　実際に規制強化がその後，管理職にしわ寄せがいく事態も発生した。一方，規制が緩すぎるという人事部長もいた。ネット広告業の人事部長は「これまで働き方の見直しを実施して社員の月平均残業時間を45時間程度に減らすことができた。最大80時間であればなんとかクリアできると思う。だが，100時間を認めれば何のための上限規制かわからなくなる。国が絶対にやらなければいけないのは健康管理のはず。その意味では過労死が発生しかねない100時間を認めるのはおかしいのではないか」と，人事担当者の間でも意見が分かれた。

　実は高橋まつりさんの自殺の背景には長時間労働を強いられたうえ，上司からパワハラを受けていたことも明らかになっている。高橋さんはSNSで「休日返上で作った資料をボロくそに言われた。もう体も心もズタズタだ」（2015年10月13日），「死にたいと思いながらこんなストレスフルな毎日を乗り越えた先に何が残るんだろうか」（12月16日）と発信していた。

　職場のパワハラが常態化して久しい。後にパワハラ防止法が施行されるが，高橋さんの自殺はパワハラの問題の深刻さも浮かび上がらせた。この

過重労働撲滅特別対策班（かとく）：2015年4月に厚生労働省の「労働基準局監督課」に新設された行政機関。違法な長時間労働などの過重労働に対し，各労働基準監督署の管轄を超え，大規模な調査・勧告を行うことを目的に設置された。主に全国に支社をもつ大企業などをターゲットに違法企業を取り締まる厚労省内に設置されている本省かとくとは別に，東京労働局と大阪労働局の2カ所に設置されている（東京かとく，大阪かとく）。

時間外労働の上限規制：働き方改革により，36協定による時間外労働の上限や，それまで青天井だった特別条項付き36協定による時間外労働の上限が，法律によって定められたもの。大企業は2019年から，中小企業は2020年から適用された。違反すると事業者に対して，6カ月以下の懲役または30万円以下の罰金が課せられることから，罰則付き上限規制などとも呼ばれている。連合と経団連との間で労使合意が取りまとめられたが，最後まで単月の時間外労働が「100時間以内」か「100時間未満」かで，労使の意見は平行線をたどった。

30年間で企業と社員の関係が大きく変貌したが，その歪みが生んだ膿が一挙に吹き出してしまったような感じさえする。

7 「人的資本経営」の時代〜人事部の力は蘇るか
Present and Future

　これまで見てきたように，この30年の間に働く人を取り巻く環境は大きく変貌した。経済の停滞の裏で，「長期雇用」や「年功的処遇」，そして何よりロイヤリティで結びついた会社と社員の関係が大きく変質した。人事部も同様で，人事部が凋落し，本来の力を発揮できないまま採用の抑制，入社後の給与，昇進，そして人員削減に至るまで，後ろ向きの仕事に追われ続けた。そんな30年だったような気がしてならない。

　失われた"人を活かす"力を取り戻し，組織と社員の関係を今後どう再構築していくのか。人事部に課せられた責任は重いが，光明がないわけではない。近年，人材投資に重点を置く「人的資本経営」の重要性が投資家を中心に世界中で叫ばれ始めている。
　「人的資本」とは一般的には「従業員と従業員のもつ能力・スキル・知識等の価値を生み出すために企業が投資ととらえる概念」，あるいは「人材が保有する経験や知識・スキル・能力およびイノベーションへの意欲，戦略の遂行能力」と説明される。人事関係者にとっては決して新しい意味をもつ言葉ではない。人的資本＝人材の活性化をどうするかは，人事部の中心課題であり，人的資本経営とは昔からいわれる「**人を大切にする経営**」と言い換えてもよいだろう。
　欧米諸国では株主優先主義からの離脱が叫ばれ，日本政府も「**人的資**

人的資本の情報開示：経営資源の1つである「人的資本」について，財務情報などと同様に，企業の取組みに関する情報を社外に情報開示すること。2021年6月に東京証券取引所が上場企業に対するルールであるコーポレートガバナンス・コード（企業統治指針）を改訂し，人的資本に関する情報開示項目を追加した。また，ほかにも経済産業省により，持続的な企業価値の向上と人的資本に関して「人材版伊藤レポート」がまとめられている。

本」情報の開示に向けて動きだしている。「新しい資本主義のグランドデザイン及び実行計画」の中で「人的資本等の非財務情報の株式市場への情報開示と指針整備」が盛り込まれた。人的資本に注目が集まること自体は人事部にとって歓迎すべきことである。建設関連会社の人事担当役員は「以前は投資家には人件費はコストとしか見られなかったが，人への投資がプラスと評価されることは良いこと。当社は人が最大の資源と言ってきたし，そこへの投資を行うことについてはフォローの風と言える」と語る。

　国際比較のエンゲージメントサーベイでは日本企業は低いとされ，人材投資も国際的に少ないという調査もある。まさにこの30年間の産物でもある。現状を放置したまま，今後人的資本情報の開示が進んでいくと，企業経営に負の影響をもたらす可能性もある。その時に矢面に立たされるのは人事部である。こうしたフォローの風を活かすには，人事部内で議論しても実行が難しかった人材に関する施策を含めて人事戦略を再構築し，それを推進していくことが求められている。これを契機に人事部が主導権をもって経営の最前線で活躍していくことを願ってやまない。

プロフィール

溝上憲文（みぞうえ・のりふみ）　1958年鹿児島県生まれ。明治大学政治経済学部卒。『隣の成果主義』『非常の常時リストラ』『人事部はここを見ている』等著作多数。

平成・令和年表

西暦年	1989	1990	1991	1992	1993	1994	1995	1996	1997	1998	1999	2000	2001	2002	2003	2004
和暦年	平成元	2	3	4	5	6	7	8	9	10	11	12	13	14	15	16

経済の出来事（GDP成長率（%））

- 1989：消費税3% バブル景気
- 1991：バブル崩壊
- 1996：消費税5% 山一證券破綻
- 1999：ITバブル崩壊

人事・労働関係の出来事（春闘賃上げ率（%））

- 1989：連合発足
- 1990：定年後再雇用の努力義務化
- 1991：国民年金 20歳以上が強制加入へ
- 1992：育児休業法施行
- 1993：就職氷河期／富士通、成果主義人事
- 1994：パートタイム労働法施行
- 1995：週40時間原則化
- 1996：日経連『新時代の「日本的経営」』
- 1997：ソニー、執行役員制度
- 1998：60歳定年義務化 松下電器、前払い退職金制度
- 1999：セクハラ防止配慮義務化 労働者派遣法改正（ネガティブリスト方式へ）
- 2000：介護保険 65歳までの雇用確保措置努力義務化 電機各社業績連動型賞与
- 2001：個別労働紛争解決制度 労働契約承継法施行
- 2001：省庁再編
- 2002：日経連、経団連と統合
- 2003：個人情報保護法成立「13歳のハローワーク」
- 2004：青色発光ダイオード事件（社員の発明特許）「製造業への人材派遣解禁」「虚妄の成果主義」

	1989	1990	1991	1992	1993	1994	1995	1996	1997	1998	1999	2000	2001	2002	2003	2004
非正規雇用労働者割合(%)	19.1	20.2	19.8	20.5	20.8	20.3	20.9	21.5	23.2	23.6	24.9	26.0	27.2	29.4	30.4	31.4
労働組合組織率(%)	25.9	25.2	24.5	24.4	24.2	24.1	23.8	23.2	22.6	22.4	22.2	21.5	20.7	20.2	19.6	19.2

西暦年	1989	1990	1991	1992	1993	1994	1995	1996	1997	1998	1999	2000	2001	2002	2003	2004
和暦年	平成元	2	3	4	5	6	7	8	9	10	11	12	13	14	15	16

世界、社会の出来事（高齢化率(%) 65歳以上割合）

- 1989：ベルリンの壁崩壊 天安門事件
- 1990：東西ドイツの統一
- 1991：湾岸戦争 ソ連崩壊
- 1992：東海道新幹線「のぞみ」
- 1993：欧州連合
- 1994：関西国際空港
- 1995：阪神・淡路大震災 地下鉄サリン事件 ウインドウズ95
- 1996：O157による食中毒
- 1997：香港、中国返還
- 1998：長野冬季オリンピック
- 1999：ユーロ通貨 iモード
- 2000：2000年問題
- 2001：ipod アメリカ同時多発テロ 聖域なき構造改革
- 2003：住民基本台帳ネットワーク
- 2004：中越地震

資料出所：GDP成長率は内閣府。春闘賃上げ率、労働組合組織率は厚生労働省。非正規雇用労働者割合、高齢化率は総務省統計局。

2005	2006	2007	2008	2009	2010	2011	2012	2013	2014	2015	2016	2017	2018	2019	2020	2021	2022
17	18	19	20	21	22	23	24	25	26	27	28	29	30	31/令和元	1	2	3

（上段グラフ内の主な出来事）

- 2008：リーマンショック
- 2011：東日本大震災
- 2014：消費税8%
- 2016：マイナス金利
- 2019：消費税10%
- 2020：緊急事態宣言（新型コロナ）
- 2022：物価高

（中段 人事・労働関連の出来事）

- 2005：くるみん認定制度
- 2006：公益通報者保護法施行
- 2007：団塊世代の大量退職／連合「非正規労働センター」
- 2008：労働契約法施行／名ばかり管理職問題／年越し派遣村
- 2009：パワハラも労災認定に
- 2010：改正育児・介護休業法（パパママ育休）施行
- 2011：INAXメンテナンス事件（個人事業主の労働者性）／日本年金機構発足
- 2012：日雇派遣原則禁止
- 2013：希望者全員が65歳まで雇用／有期雇用者の無期雇用転換制度／アベノミクスによる政労使会議
- 2014：ブラック企業対策
- 2015：マイナンバー制度開始
- 2016：電通、違法残業判決／女性活用推進法施行／LGBT支援／長澤運輸事件（地裁）
- 2017：働き方改革実現会議
- 2018：働き方改革関連法成立
- 2019：パワハラ防止法成立
- 2020：テレワークの拡大
- 2021：改正育児・介護休業法成立／改正高年齢者雇用安定法施行

2005	2006	2007	2008	2009	2010	2011	2012	2013	2014	2015	2016	2017	2018	2019	2020	2021	2022
32.6	33.0	33.5	34.1	33.7	34.4	35.1	35.2	36.7	37.4	37.5	37.5	37.3	37.9	38.3	37.2	36.7	36.9
18.7	18.2	18.1	18.1	18.5	18.5	18.1	17.9	17.7	17.5	17.4	17.3	17.1	17.0	16.7	17.1	16.9	16.5

2005	2006	2007	2008	2009	2010	2011	2012	2013	2014	2015	2016	2017	2018	2019	2020	2021	2022
17	18	19	20	21	22	23	24	25	26	27	28	29	30	31/令和元	1	2	3

（下段 社会の出来事）

- 2005：日本の総人口初の減少／ブログ普及
- 2006：ライブドア事件
- 2007：郵政民営化／食品偽装事件
- 2008：秋葉原通り魔事件／iPhone
- 2009：政権交代（民主党へ）／裁判員制度
- 2011：欧州危機／ツイッター普及
- 2012：政権交代（自公へ）／東京スカイツリー／スマホ普及
- 2013：特定秘密保護法成立
- 2014：東芝巨額不正会計発覚
- 2015：ドローン
- 2016：熊本地震
- 2017：ポケモンGO／森友学園問題／アメリカ・トランプ政権
- 2018：北海道胆振東部地震／大阪北部地震
- 2019：令和に改元
- 2020：新型コロナウイルスが全世界で大流行
- 2021：東京五輪／デジタル庁／ミャンマー軍クーデター
- 2022：ウクライナ戦争勃発

ホームページとの連動のご案内

下記の記事内 `DL` マークの資料，一部の記事については，閲覧・ダウンロードが可能です。下記URL（QRコード）にアクセスしてください。

https://www.e-sanro.net/data/jt4568/

▷資料

分類	番号	資料名	掲載頁
人的資本情報開示	1	持続的な企業価値の向上と人的資本に関する研究会報告書～人材版伊藤レポート～（2020年9月）（経産省）	19頁，38頁
	2	人的資本経営の実現に向けた検討会報告書　人材版伊藤レポート2.0（2022年5月）（経産省）	19頁，38頁
	3	人的資本可視化指針（2022年8月）（内閣府）	34頁
デジタル給与	4	資金移動業者口座への賃金支払に関する同意書（参考例）（厚労省）	47頁
労働安全	5	労働安全衛生規則等の一部を改正する省令の施行等について（令和4年4月15日）（基発0415第1号）	49頁
育児・介護	6	育児・介護休業法のあらまし（2022年11月作成）	50頁
ハラスメント	7	事業主が職場における優越的な関係を背景とした言動に起因する問題に関して雇用管理上講ずべき措置等についての指針（令和2年厚労告5号）	83頁
	8	職場におけるダイバーシティ推進事業報告書（2020年3月）（厚労省）	91頁
副業・兼業	9	「副業・兼業の促進に関するガイドライン」（2022年7月8日改定版）	100頁
	10	副業・兼業の促進に関するガイドライン　わかりやすい解説（2022年10月）（厚労省）	107頁
メンタルヘルス	11	職場における心の健康づくり～労働者の心の健康の保持増進のための指針～（2020年7月）	118頁
政策	12	新しい資本主義のグランドデザイン及び実行計画（2022年6月）（内閣府）	128頁
男女の賃金差異公表	13	男女の賃金の差異の算出及び公表の方法について（2022年7月）（厚労省）	130頁
	14	男女の賃金の差異の算出及び公表の方法について（解説資料）（2022年7月）（厚労省）	130頁
	15	女性活躍推進法に基づく「男女の賃金の差異」の公表等における解釈事項について（法第20条・省令第19条等関係）（2022年12月改訂）（厚労省）	130頁
採用	16	令和4年　改正職業安定法Q&A（2022年7月）	148頁

初出一覧

　書下ろし以外は，以下にあげる各稿をもとにして，それらを加筆・修正したものである。

章	番号	タイトル	掲載誌
Ⅰ章	①	人的資本時代の人事部の役割	『人事の地図』2022年10月号
	②	人的資本情報開示の現状	『企業と人材』2022年3月号
	③	人的資本開示時代における福利厚生の可能性	『人事実務』2022年9月号
Ⅱ章	①	2023年度 労働法制の動き	『労務事情』2023年1月合併号
	②	2022年の注目裁判例	『労務事情』2023年1月合併号より抜粋
Ⅲ章	①	確認しよう！ 2022年10月以降に施行された改正育児・介護休業法と関連社会保険制度	『人事実務』2022年9月号
	②	「職場のSOGIハラ」と「アウティング」の防止	『労務事情』2020年9月1日号
	③	副業・兼業導入に向けた制度設計のポイント	『人事の地図』2022年11月号
	④	テレワーク下で求められる職場のメンタルヘルス対策	『企業と人材』2022年6月号
	⑤	「男女の賃金の差異」開示義務化対応のポイント	『労務事情』2023年2月1日号
	⑥	ヤクルトスワローズ・高津監督のマネジメントとリーダーシップ理論	『企業と人材』2023年1月号
	⑦	令和の採用とその法的留意点	『人事の地図』2023年1月号
Ⅳ章	①	キーワドで振り返るジャーナリストがみつめてきた人事の世界30年	『人事の地図』2022年10月号，11月号

（注）『人事実務』は，2022年10月号より『人事の地図』へ題号変更している。

人事・労務の手帖 2023年版　人材マネジメントのシフトチェンジ

2023 年 4 月 12 日　第 1 版　第 1 刷発行

定価はカバーに表
示してあります。

編　者　産労総合研究所

発行者　平　　盛之

発行所　㈱産労総合研究所
　　　　出版部　経営書院

〒100－0014
東京都千代田区永田町 1 －11－ 1 　三宅坂ビル
電話03-5860-9799
https://www.e-sanro.net

ISBN978-4-86326-349-9 C2034